El Programa de la Escuela Bíblica Católica

LIBRO DE SEGUNDO AÑO

FUNDAMENTOS DEL NUEVO TESTAMENTO: JESÚS Y SUS DISCÍPULOS

CUADERNO DE TRABAJO DEL ESTUDIANTE

COMPILADO POR
Angelo G. Giuliano, Judith A. Hubert, Dorothy Jonaitis y Brian Schmisek

TRADUCIDO POR
Pia Septien y Juan Rendon

PAULIST PRESS
New York / Mahwah, NJ

Reconocimientos
El editor reconoce y agradece por el uso del siguiente material:

Artículos de *Catholic Update* que aparecen en este cuaderno de trabajo, originalmente publicados por St. Anthony Messenger Press, Cincinnati, Ohio, reimpresos con permiso; "El Desierto de Manera Indirecta", por P. Robert Wild, *Word de Poustinia*, Dimension Books, Denville, New Jersy, 1978, reimpresos con permiso; "El génesis de la liberación: Moisés atado y desatado", por Lydia Champagne, CSI, reimpreso de *The Bible Today* (enero de 1981), por la Orden de san Benedicto, Inc., publicado por Liturgical Press, St. John's Abbey, Collegeville, Minnesota, reimpresos con permiso; "Interpretación Fundamentalista", de *La Interpretación de la Biblia en la Iglesia*, tomada de la página web del Vaticano: www.vatican.va, Libreria Editrice Vaticana (Libreria Editrice Vaticana, 2007), usado con permiso; "Constitución Dogmática sobre la Divina Revelación", de los Documentos del Vaticano II, tomado de la página web del Vaticano: www.vatican.va, Libreria Editrice Vaticana (Libreria Editrice Vaticana, 2007), usado con permiso; "Enterrando nuestros Isaacs", por Mary Catherine Barron, de *Unveiled Faces: Men and Women of the Bible*, la Orden de san Benedicto, Inc., publicado por Liturgical Press, St. John's Abbey, Collegeville, Minnesota, reimpresos con permiso; "La violencia en Josué y Jueces", por Gina Hens-Piazza, reimpreso de *The Bible Today* (abril de 2001), por la Orden de san Benedicto, Inc., publicado por Liturgical Press, St. John's Abbey, Collegeville, Minnesota, reimpresos con permiso; "La Experiencia inefable de Elías", por P. Craig Morrison, reimpreso de *The Bible Today* (junio de 2003, por la Orden de san Benedicto, Inc., publicado por Liturgical Press, St. John's Abbey, Collegeville, Minnesota, reimpresos con permiso.

Un agradecimiento especial para Mary Ingenthron por sus dibujos que se han incluido en este cuaderno de trabajo.

Un agradecimiento especial para el padre Mark Pierce y sus colegas, Mary Ellen Haupert; Bonnie Bauman; Dan y Kathy Goulet; Trevor Hall; Earl Madary; la hermana Margaret Michaud, OSB; y Bill Pritchard de LaCrosse, Wisconsin, Biblical School por sus sugerencias para mejorar este libro.

Citas bíblicas obtenidas de la *Biblia de Jerusalén Latinoamericana en letra grande*, Desclee De Brouwer S.A., Bilbao, España 2000. Usadas con permiso. Todos los derechos reservados.

Diseño de la portada por Sharyn Banks

Diseño del libro por Celine Allen

Nihil Obstat: Rev. Msgr. Glenn D. Gardner
Censor Libiorum
Imprimatur: + Most Reverend Kevin J. Farrell
Bishop of Dallas
5 de junio de 2007

The *Nihil Obstat* y el *Imprimátur* son declaraciones oficiales de que el material revisado se encuentra libre de errores doctrinales y morales. Esto no implica que aquellos que otorgaron el *Nihil Obstat* y el *Imprimátur* estén de acuerdo con los contenidos, opiniones y afirmaciones que se hacen.

ISBN: 978-0-8091-9594-7

Publicado por Paulist Press
997 Macarthur Boulevard
Mahwah, New Jersey 07430
Estados Unidos de América

www.paulistpress.com

Impreso y encuadernado en
los Estados Unidos de América

Dedicatoria

Es con respeto y gratitud que esta versión del *Programa de la Escuela Bíblica Católica de Denver* es dedicada a la hermana Macrina Scott, OSF. Al percibir la necesidad de un programa de estudio bíblico serio, encaminado a formar a los laicos, es que se crea la Escuela Bíblica Católica en 1982. Como fundadora de la escuela y directora por veinte años, la hermana Macrina es una líder en el área de enseñanza bíblica para católicos adultos. Le estamos agradecidos por el maravilloso regalo que ha dado a la Iglesia.

Fue debido a su visión y determinación, que literalmente, a miles de católicos se les han abierto los ojos y el corazón a la Palabra y han crecido su fe y su conocimiento, profundizando así en su relación con Dios a través del estudio de la Sagrada Escritura. Con la publicación del material de la Escuela Bíblica por Paulist Press en 1993, el sueño de Sister Macrina produjo frutos a lo largo y a lo ancho del país. Esperamos que con esta revisión, ahora llamada *Programa de la Escuela Bíblica Católica*, su sueño siga vivo bien entrado el siglo XXI.

Adicionalmente, no queremos dejar de mencionar a Steve Muller, Ph.D., en el desarrollo del programa original de la Escuela Bíblica. También recordamos a Mary E. Ingenthron, quien ya falleció, por las ilustraciones que adornan este libro.

Índice

Presentación

Bienvenido al *Programa de la Escuela Bíblica Católica*. En la Iglesia católica, la Sagrada Escritura es frecuentemente llamada "el alma de la teología". El estudio de la Sagrada Escritura alcanzó nuevos niveles entre los católicos después del Concilio Vaticano II. Desde entonces se han originado multitud de programas para cubrir la necesidad. Uno de ellos fue la Escuela Bíblica Católica de Denver que se originó hace más de veinte años. Desde entonces, el programa ha florecido en muchos lugares de los Estados Unidos y aun fuera de sus fronteras. Una de las razones de su éxito es que incorpora los frutos del método histórico crítico, "método indispensable" dentro de la rica tradición de fe de la Iglesia, y la vida de los estudiantes.

Como director de la Escuela para el Ministerio Pastoral de la Universidad de Dallas, me regocijé, primero, cuando pude contratar al profesor Gene Giuliano, después a la hermana Dorothy Jonatis y finalmente a la profesora Angeline Hubert. Cada uno de ellos es un reconocido autor de los materiales "originales" del *Programa de la Escuela Bíblica Católica de Denver* y cada uno de ellos enseñó en la Escuela por algún período de tiempo. Ahora, como parte del cuerpo docente de la Escuela para el Ministerio Pastoral de la Universidad de Dallas, ellos aportan una experiencia sin igual a sus escritos.

En esta revisión, hemos incorporado lecciones aprendidas a través de la erudición, de la enseñanza en el salón de clase (en el nuestro y en el de otros), de materiales actualizados, incluyendo la publicación del *Catecismo de la Iglesia Católica* y declaraciones de la Pontificia Comisión Bíblica, y nuestro propio crecimiento espiritual y en la fe. Les presentamos el producto de innumerables horas de conversación, oración y debate académico.

Al utilizar el cuaderno de trabajo, usted se familiarizará con la Biblia. Aprenderá acerca de sus historias, personajes, lugares, temas, promesas y esperanzas. El texto sagrado se encontrará con usted en su situación específica de vida: en sus preocupaciones, inquietudes, angustias, esperanzas, ambiciones y fe. Lo sagrado es algo que nos agota. Nosotros no agotamos a lo sagrado. Una y otra vez nos acercamos como si fuera algo nuevo, así tengamos diecisiete años o setenta y siete años. Le animamos en su recorrido de aprendizaje del texto sagrado, su carácter inspirado y su autor fundamental. Esperemos que encuentre el material del cuaderno de trabajo provechoso, tanto académica como espiritualmente.

Brian Schmisek, Ph.D.
Decano de la Escuela para los Ministerios
Universidad de Dallas

Introducción

¡Bienvenido al segundo año de su viaje de estudio bíblico! Usted ya es todo un viajero con experiencia después de su viaje con Abrahán, Moisés, Josué, David y Salomón. Su estudio bíblico le ha dado un buen conocimiento de la historia del poder de Dios y su presencia con el pueblo hebreo. Debe continuar teniendo en mente estos fundamentos del Antiguo Testamento durante este año al momento de explorar el cumplimiento del Antiguo Testamento en Jesucristo. En este segundo año nos enfocamos en la asombrosa revelación de la presencia de Dios entre nosotros en la persona y obra de Jesús de Nazaret. También haremos hincapié sobre el impacto que esto tuvo en los apóstoles de la Iglesia naciente como Pedro y Pablo, los evangelistas Marcos, Lucas y Juan, y los autores de las Cartas joánicas y del Libro del Apocalipsis.

Anticipo del viaje del segundo año

En el primer módulo estudiaremos los Evangelios de Marcos y Lucas. En estos escritos conocemos a Jesús y escuchamos su mensaje. Seguimos sus viajes de Nazaret a través de Galilea hasta llegar a Jerusalén. A través de su pasión, muerte y resurrección estaremos frente al misterio central de nuestra fe cristiana.

En el segundo módulo estudiamos el crecimiento de la comunidad cristiana tal como está relatada en Lucas y Hechos de los Apóstoles. Con su enfoque en los viajes de Pedro y Pablo, Lucas nos revela la mano de Dios que guía el trabajo en conjunto de estos dos apóstoles para que el mensaje cristiano se propague.

Durante este módulo también vamos a estudiar la mayoría de las Cartas de Pablo. Estas Cartas son los documentos más antiguos de nuestra herencia cristiana. El esfuerzo misionero de Pablo le exigió que fundara y guiara a las comunidades cristianas que él había establecido, a través de un desafiante proceso de enseñarles a dejar sus prácticas paganas o judías y aprender a hacer las cosas de una manera cristiana. Sus Cartas abren una ventana para que veamos los detalles prácticos de vivir una vida cristiana en un mundo que todavía no había sido transformado por las ideas y valores del cristianismo. Las preocupaciones de Pablo son sorprendentemente muy similares al tipo de retos que nosotros afrontamos hoy en día, al tratar de vivir una vida cristiana.

En el tercer módulo estudiamos el Evangelio de Juan, las Cartas joánicas y el Libro del Apocalipsis. Aunque estemos muy familiarizados con los Evangelios de Marcos y Lucas de la primera unidad, vamos a descubrir que el Evangelio de Juan es muy diferente al de ellos. ¿Se puede usted imaginar un Evangelio en el cual Jesús no enseñe a la gente por medio de parábolas y donde lleve a cabo muy pocos milagros (¡y en ninguno de ellos saca de las personas espíritus endemoniados!)? En el estudio de las Cartas joánicas podemos ver la historia de la comunidad a la cual se dirige el Evangelio de Juan y como continúa creciendo después del período del Evangelio.

También entraremos al mundo desconocido del Libro del Apocalipsis. Por lo general casi toda persona que trata de leerlo se queda perplejo por las extrañas y aparentemente rarísimas imágenes en la cuales el autor presenta el mensaje cristiano. Sin embargo, a través de nuestro cuidadoso estudio, podremos empezar a entender el significado de este libro y como tiene un mensaje para nosotros hoy en día.

De esta manera, nuestra jornada será un viaje al centro de nuestra fe cristiana. Trataremos de entender las maneras en que el mensaje cristiano se nos presenta—en los relatos de los Evangelios de Marcos, Lucas-Hechos y Juan; en las Cartas de Pablo donde trata de solucionar los conflictos de las comunidades cristianas, en la exhortación e instrucción de las Cartas joánicas, y en las visiones del Libro del Apocalipsis. Descubriremos que debajo de esta variedad de formas, el corazón del mensaje cristiano es el mismo—nuestra salvación viene a través de la vida, muerte y resurrección de Jesús quien es el Cristo enviado por Dios.

Preparándonos para el viaje de segundo año

Una de las cosas más importantes que usted debe hacer para prepararse este año es releer el documento Constitución Dogmática Sobre la Divina Revelación (*Dei Verbum*) del Concilio Vaticano II para que repase de nueva cuenta las directivas recomendadas por la Iglesia católica sobre la interpretación de la Sagrada Escritura. Debido a que no podremos interpretar adecuadamente el significado de la Sagrada Escritura si no tomamos en consideración la Tradición de la Iglesia y el uso litúrgico de la Sagrada Escritura en nuestra Iglesia practicante y creyente, necesitamos reflexionar constantemente en el modo en el cual la Iglesia nos guía en nuestro estudio de estos textos.

Como aprendimos el año pasado, es esencial que utilicemos una buena traducción de la Biblia para un estudio serio. Nosotros recomendamos las siguientes traducciones; esta lista no pretende ser exhaustiva sino es una guía de algunas de las traducciones bíblicas que están disponibles.

Sagrada Biblia: Nuevo Testamento (2008). Con en Nuevo Testamento se termina la colección de la Sagrada Biblia: Pentateuco, Libros Históricos, Libros Poéticos y Sapienciales, Libros Proféticos y Nuevo Testamento. Este volumen, como los anteriores, es bilingüe, en castellano y latín, con notas, aclaraciones y referencias. Se ofrece esta edición castellana, en lenguaje fluido e inteligible para cualquier lector. Esta edición ha sido preparada por profesores de la Facultad de Teología de la Universidad de Navarra.

Bíblia de oración con método de lectio divina (2007). La novedad de esta edición la constituyen las pautas de oración y meditación que acompañan algunos textos de cada libro de la Biblia (*lectio divina*), preparadas por el Centro Bíblico Pastoral para América Latina (CEBIPAL), institución del Consejo Episcopal Latinoamericano (CELAM), pensando en el servicio de la Palabra de Dios para todos los cristianos.

En su presentación de esta Biblia, el obispo auxiliar de Valparaíso y responsable del CEBIPAL, monseñor Santiago Silva, afirma que estas pautas, "además de ayudarnos a entender el texto bíblico, permiten saborear la Sagrada Escritura como Palabra de Dios. En ella Él sale a nuestro encuentro, para entrar en diálogo con nosotros y para ayudarnos a moldear una vida que cada vez más se parezca a la de Cristo".

La Biblia de Nuestro Pueblo (2006). Esta versión de la Sagrada Escritura es una versión para América Latina de *La Biblia del Peregrino* de Luis Alonso Schökel. Esta versión se ha acomodado al español latinoamericano, adaptando sus giros y modismos más particulares, se ha prestado una particular atención al texto mismo, teniendo en cuenta los últimos avances en los estudios bíblicos, exegéticos, afinando la traducción allí donde se ha visto necesario. Los comentarios que se añaden al texto se han hecho pensando en la mayoría de los creyentes y con la intención concreta de acrecentar a la comprensión del lector el sentido de cada libro en su totalidad.

La Biblia Católica para Jóvenes (2005). Ha sido creada con el fuerte deseo de iniciar, apoyar y nutrir una pastoral bíblica juvenil entre los jóvenes católicos en todo el continente americano. Es el recurso por excelencia de la iniciativa de fe y vida en el ministerio pastoral bíblico. Su objetivo principal es guiar al joven de habla hispana a "conocer la Palabra de Dios, orar con ella, y vivirla desde su corazón".

Biblia de Jerusalén Latinoamericana (2003). Por primera vez una edición de la *Biblia de Jerusalén* introduce en su texto el lenguaje propio de América Latina. Dos grupos de expertos, uno de la Universidad Pontificia de México y otro de especialistas colombianos y argentinos, han revisado toda la edición introduciendo las adaptaciones necesarias para hacer el mensaje bíblico más comprensible a los lectores latinoamericanos.

La Nueva Biblia de Jerusalén (1998). Esta nueva edición en español de la *Biblia de Jerusalén* condensa el resultado de los últimos cien años de investigación y resulta más próxima a los textos originales (hebreo, griego y arameo), a la vez que consigue un estilo más agradable para la lectura. Esta tercera edición se beneficia de los estudios e investigaciones de la Escuela Bíblica y Arqueológica de Jerusalén y de los exegetas que forman el nuevo equipo de traductores de la *Biblia de Jerusalén* en español.

La Biblia de América (1994). Trabajo realizado por un prestigioso equipo de curarenta biblistas españoles y latinoamericanos, que incorpora los avances de la investigación bíblica de los últimos años y aplica las nuevas aportaciones de la lingüística a la traducción de los textos antiguos. Es publicada por La Casa de la Biblia.

También se necesita un buen diccionario bíblico ya que cuenta con materiales de fondo que le ayudarán a que los textos bíblicos cobren vida para usted. Su atlas bíblico le ayudará a estar familiarizado con los lugares del mundo de Jesús y Pablo. Le sugerimos que también investigue otros atlas bíblicos que le puedan proporcionar mejores fotos y mapas que le ayuden a conectar las fotos de lugares con las palabras de la Sagrada Escritura, y para que de esta manera los eventos cobren vida para usted al momento que estudia.

Por cada unidad de estudio, también le vamos a recomendar libros de texto que son de gran beneficio para entender el material del Nuevo Testamento. Los comentarios bíblicos que utilizará en el curso contienen sus propias bibliografías. Ha habido un gran aumento en el número comentarios sobre el Nuevo Testamento en los últimos veinte años. Hemos incluido una lista de libros y artículos en la sección lecturas adicionales al final de cada lección, sin embargo, usted haga lo posible por ver lo que hay disponible en la biblioteca pública, alguna librería a la cual tenga acceso o en la red (Internet).

Emprender el viaje

Usted ya está ahora familiarizado con el proceso de hacer el viaje bíblico usando nuestros materiales de estudio. El trabajo por escrito lo guiará directamente a los textos bíblicos que le han sido asignados para su lectura. Algo de lo que se va a percatar es que este año el número de capítulos bíblicos es menor del año pasado. ¡Pero no deje que los números le engañen! Un estudio más profundo es requerido para el material del Nuevo Testamento. Debido a que usted está leyendo y estudiando no solo para tener información, su contacto con este material va a estimular en usted cambios en su pensar y en sus acciones.

Periódicamente usted tendrá que hacer un ejercicio que no tiene que contestar por escrito pero se espera que usted reflexione sobre la pregunta y comparta su reflexión con su grupo. Cada semana le proporcionaremos retos opcionales que requieren que usted tome un buen tiempo para reflexionar y hacer más investigación que lo que hace en las preguntas básicas. Claro, muy ciertamente va a encontrar más cosas que a veces le parecerán fascinantes y que le gustaría investigarlas en su estudio. Haga de ellas también retos opcionales y comparta con su grupo.

También le sugerimos que sepa un versículo de memoria por cada lección. A veces usted podría pensar que memorizar versículos de la Sagrada Escritura es irrelevante. Sin embargo, esta es una manera para que usted haga los textos de la Biblia parte de su vida. Si no memorizamos, es muy difícil tener a la mano textos de la Sagrada Escritura para su oración y aplicación a las situaciones de su vida.

Compañeros para el viaje

Como aprendió a través del curso el año pasado, algunos de sus mejores maestros son las personas de su grupo de trabajo con los cuales ha compartido su viaje. Una vez más este año, estos compañeros de peregrinación le sorprenderán con su entendimiento sobre Jesús y su mensaje. Tal como los evangelistas Marcos, Lucas y Juan, el apóstol Pablo, el autor de las Cartas joánicas y del Libro del Apocalipsis, cada uno de ustedes puede tomar una perspectiva especial sobre quien es Jesús y lo que el significa para ellos y sus comunidades. De esta manera, cada uno en el grupo va a tener su punto de vista especial sobre el material que usted estudia cada semana. Escuchar la Palabra de Dios no solo ocurre de manera resumida como está en el texto bíblico, pero también de manera encarnada en las personas con las que estudia.

El grupo con el que usted comparte debe de ser guiado por lo siguiente:

Los Diez Mandamientos del aprendizaje en grupo

1. Trabaje para establecer confianza y camaradería dentro del grupo.
2. Llegue al corazón del pasaje. No solo toque la superficie.
3. Dele la oportunidad a todos los miembros del grupo de participar. ¡No dé discursos!
4. Relacione sus comentarios con los de los demás. Trabaje conscientemente y asocie sus ideas con las ya dichas.
5. Mientras una persona está hablando, todos los demás escuchan.
6. Nunca se burle ni menosprecie las respuestas de los otros.
7. Cuando no esté de acuerdo, ofrezca su opinión con respeto.
8. No le tema al silencio.
9. Si no hizo su tarea, no participe en la discusión, pero escuche atentamente a otros.
10. ¡Diviértase!

Recuerde que, como siempre, el viaje tiene muchas sorpresas. Usted podría estar pensando, en su comienzo de estudio del Nuevo Testamento, que sabe mucho sobre lo que es el Evangelio y sobre su mensaje. Después de algunas semanas de estudio, usted se va a dar cuenta que lo que usted pensó que sabía realmente no lo sabía bien. El poder y misterio de los Evangelios siempre abren nuestras mentes y corazones a nuevos sentidos. La constitución dogmática *Dei Verbum* (§26) del Vaticano II nos dice "con la lectura y el estudio de los Libros Sagrados 'la palabra de Dios se difunda y resplandezca' (2 Tesalonicenses 3,1) y el tesoro de la revelación, confiado a la Iglesia, llene más y más los corazones de los hombres".

¡Recuerde que al momento que usted trabaja con la Palabra de Dios, la Palabra de Dios trabaja en usted!

MÓDULO I
Jesús en la visión de dos evangelios sinópticos

Después de estudiar este módulo usted podrá:

1. Saber la cronología, la geografía y el contexto histórico-social del cristianismo en el Nuevo Testamento.
2. Conocer el mensaje cristiano en su presentación narrativa (Evangelio) a través de una investigación de la estructura, las fuentes, los temas y las doctrinas teológicas de Marcos y Lucas.
3. Analizar los Evangelios de Marcos y Lucas utilizando el método histórico-crítico, la crítica literaria, el análisis de géneros, la crítica de la redacción y el acercamiento canónico.
4. Aprender a utilizar los Evangelios de Marcos y Lucas para la oración personal y comunitaria.

Lecturas

Texto principal *La Biblia*. Use una buena traducción con citas a pie de la página.
Otros textos: Para reforzar los conocimientos y como libros de referencia recomendamos:

P. Benoit, M.-E. Boismard, J. L. Malillos, *Sinopsis de los cuatro evangelios de la Biblia de Jerusalén* (al cual se le denominará: Sinopsis)

Raymond E. Brown, SS, *Introducción al Nuevo Testamento I* (al cual se le denominará: Brown)

Vicente Balaguer, *Comprender los evangelios* (al cual se le denominará: Balaguer)

Holman, *Atlas Bíblico Conciso* (al cual se le denominará: Atlas)

Trabajo por escrito

Cada lección debe ser preparada antes de asistir a la clase para así poder participar en las discusiones del equipo de trabajo. De cada pasaje bíblico, estudie el texto y las citas a pie de la página, lea las lecturas asignadas y conteste por escrito el trabajo en una hoja de papel (*no en el cuaderno de trabajo*).

I.1 INTRODUCCIÓN A LOS EVANGELIOS
I.2 MARCOS 1—3
I.3 MARCOS 4,1—8,21
I.4 MARCOS 8,22—13,37
I.5 MARCOS 14—16
I.6 LA INFANCIA DE JESÚS EN LUCAS 1—2 Y MATEO 1—2
I.7 LUCAS 3,1—9,50
I.8 LUCAS 9,51—19,27
I.9 LUCAS 19,28—24,53
I.10 REPASO DEL MÓDULO I

I.1
Introducción a los evangelios

Después de haber estudiado esta lección, usted podrá:

1. Explicar el proceso de las tres etapas de la formación de los Evangelios.
2. Explicar la importancia de los autores y su contribución en el proceso de la formación de los Evangelios.
3. Reconocer que el mismo contenido evangélico puede ser presentado en diferentes formas.
4. Reconocer que la forma literaria en que están escritos los Evangelios es una narración de la Buena Nueva de nuestra salvación cristiana.
5. Entender que cada Evangelio refleja la interpretación de fe de cada comunidad y la manera de vivir los eventos referentes a Jesucristo.
6. Localizar en su atlas bíblico el reino de Herodes, el mar de Galilea, el río Jordán, el mar Muerto, Judea, Samaria y las provincias romanas de Siria, Galacia, Asia y Macedonia.

Lecturas

La Biblia, "Introducción a los Evangelios sinópticos"
Balaguer: Páginas 14–24; 45–68
Lecturas complementarias: Artículos #1 "La verdad y sus múltiples expresiones" y #2 "Las tres etapas de la redacción de los Evangelios"

Estudio geográfico

Utilizando el mapa de las páginas 26 y 39 de su Atlas, localice:
El reino de Herodes, las provincias romanas de Siria, Galacia, Asia y Macedonia.
En el reino de Herodes, localice: el mar de Galilea, el río Jordán, el mar Muerto, Judea y Samaria.

Términos importantes

Evangelio, tres etapas de la formación de los Evangelios, Griego Koiné (*κοινή*)

Trabajo por escrito

1. En base a su lectura de la lectura complementaria #1, haga un resumen de la enseñanza de la Iglesia católica sobre la interpretación bíblica.
2. En base a su entendimiento de la lectura complementaria #2, haga un resumen de la enseñanza de la Iglesia católica sobre las tres etapas de la formación de los Evangelios.
3. Comparta algún incidente de su pasado o del pasado de su familia en el cual el entendimiento del significado del evento ha demostrado ser más importante que el recordar los detalles exactos del incidente.
4. ¿Qué considera es lo más importante de lo que ha aprendido en su lectura sobre la interpretación bíblica y las tres etapas de la redacción de los Evangelios? ¿Por qué?
5. Lea la introducción del libro *Comprender los evangelios* y conteste a las siguientes preguntas:
   a. ¿Cuáles son las tres cosas más importantes que ha aprendido al haber leído la introducción?
   b. ¿Por qué las escogió?

Ejercicios (*Los ejercicios son parte del estudio requerido, algunas veces se solicitarán por escrito*). Conforme vaya avanzando en el estudio de la unidad, elija un versículo para memorizar y sea capaz de escribirlo dando la cita bíblica de una manera adecuada (traducción utilizada y cita bíblica [libro, capitulo y versículo]). En cada lección se le ofrece una sugerencia, pero usted puede escoger algún versículo que le haya llamado la atención.

SUGERENCIAS ADICIONALES PARA EL ESTUDIANTE

Retos opcionales

1. Investigue y escriba un informe sobre lo siguiente (utilice las lecturas adicionales):
   a. El contexto social, político y religioso del Nuevo Testamento.
   b. Haga la investigación e incluya por lo menos dos fuentes que no estén incluidas en las lecturas de esta lección.
2. Lea el "Mensaje al Pueblo de Dios de la XII asamblea general ordinaria del sínodo de los obispos" y escriba un resumen breve sobre los 4 íconos que nos presenta. Véase http://www.vatican.va/news_services/press/sinodo/documents/bollettino_22_xii-ordinaria-2008/bollettino_22_xii_ordinaria-2008_index_sp.html.

Sugerencia del versículo a memorizar Después que Juan fue entregado, marchó Jesús a Galilea; y proclamaba la Buena Nueva de Dios: "El tiempo se ha cumplido y el Reino de Dios está cerca; conviértanse y crean en la Buena Nueva" (Marcos 1,14–15; BJL).

Lecturas adicionales

Artículo: Jesús (*Diccionario bíblico*).
Catecismo de la Iglesia Católica, §124–27.
Vicente Balaguer (ed.), *Comprender los evangelios*, 28–44.
Raymond E. Brown, SS, *Introducción al Nuevo Testamento I*. Editorial Trotta, Madrid, 2002, 45–60.

I.2
Marcos 1–3

Después de haber estudiado esta lección, usted podrá:

1. Comprender que los Evangelios giran alrededor de dos preguntas fundamentales:
   a. ¿Quién es Jesús?
   b. ¿Qué significa ser discípulo de Jesús?
2. Identificar el tema marcano de la compresión y la incomprensión como tema clave.
3. Entender el mensaje teológico de las dos partes del Evangelio de Marcos:
   a. Parte primera: misión y curaciones en Galilea.
   b. Parte segunda: predicción de sufrimientos; muerte en Jerusalén; resurrección.
4. Explicar por qué se cree que el Evangelio de Marcos fue el primero (prioridad marcana) y la relación entre hipótesis documentaria y el problema sinóptico.
5. Utilizar la *Sinopsis de los cuatro evangelios* para comparar y contrastar los textos paralelos del Evangelio.

Lecturas

Marcos 1–3
Balaguer: Páginas 69–82
Lecturas complementarias: Artículos #3 "La formación de los Evangelios", #4 "Analizando los Evangelios sinópticos", #5 "Visión general del Evangelio de Marcos" y #6 "Los viajes de Jesús en Marcos"

Estudio geográfico

Trace las actividades y viajes de Jesús según Marcos 1–3 en la lectura complementaria #6. Va a notar que un número de eventos toman lugar en lugares que no son nombrados. Al trazarlos, enfóquese en los lugares que son mencionados, las áreas generales, la dirección que siguen en el viaje. Utilice los mapas de las páginas 5 y 6 de su Atlas para identificar los estados modernos donde se encuentran las localidades que visitó Jesús.

Términos importantes

El problema sinóptico, la crítica de las fuentes, la fuente *Q*, Jesús Cristo (el Mesías), Hijo de Dios, discípulo

Trabajo por escrito

1. Responder a la pregunta "¿Quién es Jesús?" es muy importante en la primera parte del Evangelio de Marcos.
   a. ¿Qué es lo que quiere Marcos que sus lectores entiendan sobre la identidad de Jesús en Marcos 1,1? Sea específico en su respuesta.
   b. ¿Qué aprende sobre la identidad de Jesús al leer el relato de Marcos 1,2–45?
   c. ¿Qué descubre sobre la identidad de Jesús en los cinco relatos de conflictos entre Jesús con los escribas y los fariseos en Marcos 2,1—3,6?
2. Marcos describe el llamado de los primeros discípulos en Marcos 1,14–20 y el llamado de Leví en Marcos 2,13–17.
   a. ¿Qué es lo que aprende usted sobre las cualidades de un discípulo en estos relatos?
   b. ¿Qué protagonistas del Antiguo Testamento cree que tuvieron una experiencia similar a la de los discípulos de Jesús? De manera breve explique su respuesta.

c. ¿Cómo le retan personalmente los relatos de Marcos sobre la vocación a ser un mejor discípulo?

3. Localice Marcos 3,13–19a en su *Sinopsis de los cuatro evangelios* para contestar lo siguiente:
   a. ¿Cuáles son las diferencias más notables entre Marcos, Mateo y Lucas?
   b. ¿Por qué es importante hacer este tipo de comparaciones con la sinopsis?
4. El retrato marcano de la familia de Jesús aparece en Marcos 3,20–35.
   a. ¿Qué imagen de la familia de Jesús aparece en estos versículos?
   b. ¿Por qué cree que Marcos presenta a la familia de Jesús de esta manera?
5. Temas marcanos: comprensión/incomprensión de los discípulos y parientes de Jesús. Utilice Marcos 1–3 y haga una tabla de aquellos que comprenden (comprensión) quien es Jesús y de aquellos que no comprenden (incomprensión) quien es Jesús. Anote las citas bíblicas y explique brevemente las razones por las cuales seleccionó a estas personas.

SUGERENCIAS ADICIONALES PARA EL ESTUDIANTE

Retos opcionales

1. Compare y contraste como son presentados Jesús y Juan el Bautista en Marcos 1–3. ¿Qué aprendió de la forma en que fueron presentados?
2. Las primeras palabras de Jesús en Marcos son: "El tiempo se ha cumplido y el Reino de Dios está cerca; conviértanse y crean en la Buena Nueva". ¿Con cuál pasaje de Marcos 1–3 que habla del Reino de Dios se identifica más? ¿Por qué?
3. Marcos 2,23–28 relata un conflicto que se presentó con respecto a guardar el sábado.
   a. Según Marcos 2,23–28, ¿cómo interpreta y aplica Jesús el pasaje de 1 Samuel 21?
   b. ¿Qué diferencias existen entre las historias de 1 Samuel y la versión de Marcos?
   c. ¿Por qué cree usted que existan estas diferencias?

Sugerencia del versículo a memorizar

Al oír esto Jesús, les dice: "No necesitan médico los que están fuertes, sino los que están mal; no he venido a llamar a justos, sino a pecadores" (Marcos 2,17; BJL).

Lecturas adicionales

Artículos: Mesías, Evangelios, Hijo de Dios (*Diccionario bíblico*).

Catecismo de la Iglesia Católica, §535–37, §541–42 y §857–62.

Brown, *Introducción al Nuevo Testamento I*, 65–77; 107–25; 159–88; 193–99.

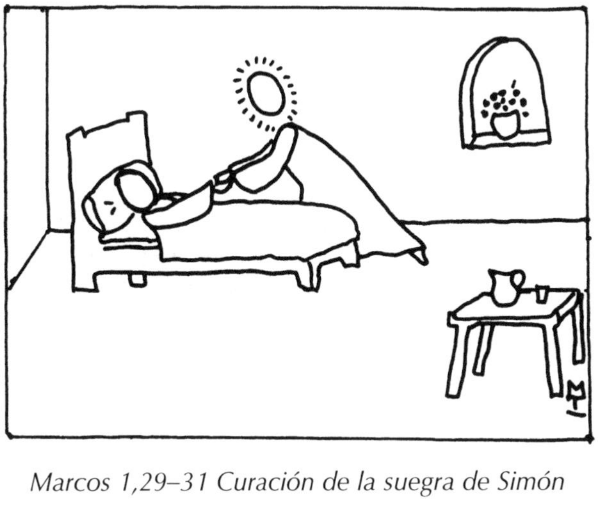

Marcos 1,29–31 Curación de la suegra de Simón

I.3
Marcos 4,1—8,21

Después de haber estudiado esta lección, usted podrá:

1. Explicar el uso y el propósito de las parábolas en el Evangelio de Marcos.
2. Comprender el mensaje de Jesús sobre el Reino de Dios y observar los retos que Jesús confrontaba por su enseñanza moral.
3. Explicar la teología de Marcos sobre el propósito y sentido de los milagros de Jesús y el papel que desempeñan en relación con el Reino de Dios.
4. Entender el tema marcano de la universalidad del Reino de Dios.

Lecturas

Evangelio de Marcos 4,1—8,21
Balaguer: Páginas 115–31
Diccionario: Artículos: "Lenguaje figurado", "Génesis", "Historia primitiva"
Lectura complementaria: Artículo #6 "Los viajes de Jesús en Marcos"

Estudio geográfico

Trace las actividades y el viaje de Jesús en Marcos 4,1—8,21 en la lectura complementaria #6.

Al trazarlos, enfóquese en los lugares que son mencionados, las áreas generales y la dirección que siguen en el viaje.

Use un color diferente para cada lección del Evangelio según Marcos.

Términos importantes

Reino de Dios, parábola, milagro

Trabajo por escrito

1. Lea la parábola del sembrador que se encuentra en Marcos 4,1–20 y responda a lo siguiente:
   a. ¿A quién dirige Jesús esta parábola?
   b. ¿A quién le explica Jesús esta parábola?
   c. ¿Por qué cree que el autor incluyó la cita bíblica de Isaías en la conversación de Marcos 4,10–12 (también lea Marcos 4,33–34)?
2. Localice Marcos 4,35–41 en su *Sinopsis de los cuatro evangelios* y responda a lo siguiente:
   a. Haga una tabla y anote las diferencias que existen entre Mateo, Lucas y Marcos.
   b. ¿De qué manera son representados Jesús y sus discípulos en Marcos, debido a las diferencias que existen entre los Evangelios?
3. En Marcos 6,31–32, Jesús invita a sus apóstoles a venir con él a un lugar solitario para que descansen junto con él por un rato.
   a. ¿Por qué cree que Jesús hace esta invitación a sus apóstoles?
   b. ¿Ha recibido una invitación así de Jesús? De ser así, ¿cuándo?
   c. ¿Cómo respondería a una invitación de Jesús?
4. Temas marcanos: la universalidad (el incluir a todos en el Reino de Dios). Cite y brevemente explique dos pasajes de Marcos 4,1—8,21 en los cuales se muestre este tema.

5. Continúe investigando el tema marcano de la comprensión e incomprensión. Utilice Marcos 4,1—8,21 y haga una tabla de aquellos que comprenden quien es Jesús y de aquellos que no comprenden quien es Jesús. Anote las citas bíblicas y explique brevemente las razones por las cuales seleccionó a estas personas.
6. a. Escriba una parábola con un tema contemporáneo al estilo de Marcos sobre el Reino de Dios. Empiece la parábola escribiendo las palabras "El Reino de Dios es como...".
   b. ¿Cómo explicaría esta parábola a aquellas personas que pertenecen a su grupo?

SUGERENCIAS ADICIONALES PARA EL ESTUDIANTE

Retos opcionales

1. Localice Marcos 5,21–34 en su *Sinopsis de los cuatro evangelios* y responda a las siguientes preguntas:
   a. ¿Por qué cree que Jesús, en Marcos 5,30–31, hace dos preguntas muy extrañas?
   b. Compare y contraste el relato de Marcos con los relatos de Mateo y Lucas. ¿Qué diferencias encuentra entre los tres relatos?
2. Represente, de una manera artística o poética, ya sea la sección de los milagros (Marcos 4,35–5,43) o la primera multiplicación de los panes (Marcos 6,31–8,21).
3. Para Marcos la fe es lo opuesto del temor. Al ir leyendo el Evangelio, tome nota de las veces que Marcos utiliza las palabras fe (creer) y temor (temor al Señor). Reflexione como este contraste entre la fe y el temor le pueden dar una visión más profunda sobre su fe. ¿Por qué sería de más provecho pensar como Marcos y no como usualmente pensamos sobre la fe y la incredulidad?

Sugerencia del versículo a memorizar

Él les dijo: "A ustedes se les ha dado el misterio del Reino de Dios, pero a los que están fuera todo se les presenta en parábolas" (Marcos 4,11; BJL).

Lecturas adicionales

Artículos: Reino de los cielos, Milagros de Jesús, Parábola (*Diccionario bíblico*).
Catecismo de la Iglesia Católica, § 546–48.
Brown, *Introducción al Nuevo Testamento I*, 199–207.

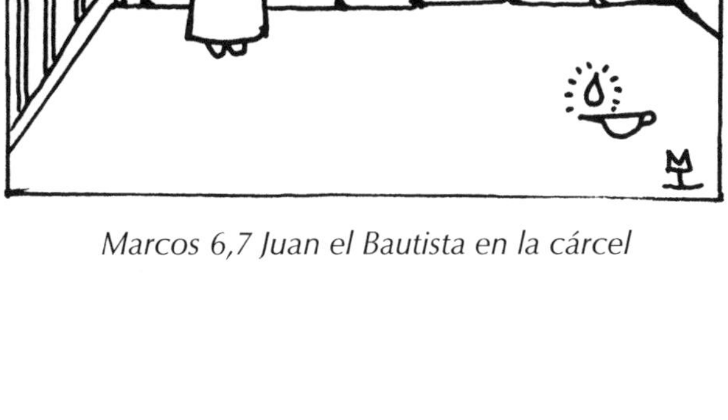

Marcos 6,7 Juan el Bautista en la cárcel

I.4
Marcos 8,22—13,37

Después de haber estudiado esta lección, usted podrá:

1. Reconocer el formato utilizado de narrar la historia y la función de un milagro en el Evangelio de Marcos.
2. Entender la técnica de intercalación (enmarcar) utilizada por Marcos.
3. Reconocer la importancia de la profesión de fe de Pedro como un punto culminante de la primera parte del Evangelio y ver como esta profesión de fe se anuncia en la segunda parte del Evangelio.
4. Comprender las enseñanzas de Jesús sobre el verdadero discípulo en Marcos 8,27—13,37.
5. Explicar el significado del sufrimiento en el ministerio de Jesús en Marcos 8,27—13,37.
6. Entender que las palabras y hechos de Jesús en Jerusalén son considerados como un juicio sobre el judaísmo de su tiempo.

Lecturas

Evangelio según Marcos 8,22—13,37
Balaguer: Páginas 132–38
Lectura complementaria: Artículo #6 "Los viajes de Jesús en Marcos"

Estudio Geográfico

Continúe trazando las actividades y viajes de Jesús en Marcos 8,22—13,37.
Al trazar estos lugares, enfóquese en los lugares que son mencionados, las áreas generales y la dirección que siguen en el viaje.
Use un color diferente para cada lección del Evangelio de Marcos.

Términos importantes

Hijo del Hombre, transfiguración, intercalación, anuncio de la pasión, escatología

Trabajo por escrito

1. Los dos relatos de curaciones (Marcos 8,22–27; 10,46–52) enmarcan la catequesis sobre la pasión. ¿Cómo lo alertan estas historias sobre lo que esta pasando en el camino a Jerusalén?
2. Localice Marcos 8,27–32a en su Sinopsis de los cuatro Evangelios y responda a las siguientes preguntas:
   a. ¿Cómo difieren Mateo y Lucas de Marcos?
   b. ¿Cuál podría ser la razón de Mateo y Lucas al hacer estos cambios? (Anote de manera especial los cambios que hace Mateo).
3. En base a su lectura de las predicciones de la pasión y las subsecuentes conversaciones entre Jesús y sus discípulos (Marcos 8,31–38; 9,31–50; 10,32–45), responda a las siguientes preguntas:
   a. ¿Qué nos revela el Evangelio de Marcos sobre la identidad de Jesús?
   b. ¿Qué significa ser discípulo según el Evangelio de Marcos?
   c. ¿Hay algo en común entre lo que significa ser discípulo según el Evangelio de Marcos y su experiencia personal como discípulo de Jesús? Haga una lista.

4. Marcos 11,12–25 intercala la purificación del templo con la historia de la maldición de la higuera estéril. ¿Qué mensaje cree que Marcos esta tratando de comunicar al narrar de esta manera?
5. En base a la lectura del artículo *Hijo del Hombre* en su diccionario bíblico:
   a. Explique los usos del término "Hijo del Hombre" en Marcos 1–13. Anote las citas bíblicas.
   b. ¿Qué significa para usted el término *Hijo del Hombre*?
6. Continúe analizando el tema de comprensión y la incomprensión. Utilice Marcos 8,22—13,37 y haga una tabla de aquellos que comprenden quien es Jesús y de aquellos que no comprenden quien es Jesús. Anote las citas bíblicas y explique brevemente las razones por las cuales seleccionó a estas personas.

SUGERENCIAS ADICIONALES PARA EL ESTUDIANTE

Retos opcionales Represente, de una manera artística original o de forma poética, la sección de los viajes de Jesús en Marcos 8,31—10,52.

Sugerencia del versículo a memorizar Llamando a la gente a la vez que a sus discípulos, les dijo: "Si alguno quiere venir detrás de mí, niéguese a sí mismo, tome su cruz y sígame" (Marcos 8,34; BJL).

Lecturas adicionales Artículos: Escatología, Hijo del Hombre, templo, Transfiguración (*Diccionario bíblico*).
Catecismo de la Iglesia Católica, §440; §554–56.
Brown, *Introducción al Nuevo Testamento I*, 207–15.
Juan Pablo II, "Carta apostólica *Salvifici Doloris*", #1–13.

Marcos 10,14–15 Jesús y los niños

I.5 Marcos 14–16

Después de haber estudiado esta lección, usted podrá:

1. Reconocer que cada narración de la pasión es la adecuada para el Evangelio en el cual ocurre.
2. Explicar el marco de la pasión en el relato de Marcos, junto con sus temas y teología.
3. Identificar el retrato de Jesús en Marcos como el Hijo del Hombre que sufre.
4. Explicar el concepto de Mesías desde la perspectiva de Marcos y explicar el por qué la representación de Jesús en Marcos era de gran relevancia en las necesidades de su comunidad.
5. Indicar la manera en que Marcos usa el Antiguo Testamento como fuente para interpretar el significado de la pasión de Jesús, particularmente la manera que utiliza: el Salmo 22 y el Canto del Siervo en Isaías 50,4–9; 52,13—53,12.
6. Identificar lugares de importancia en Jerusalén que existieron durante la vida de Jesús.

Lecturas

Evangelio según Marcos 14–16

Lecturas complementarias: Artículos #5 "Visión general del Evangelio según Marcos" y #7 "Auto-examen: el Evangelio de Marcos"

Estudio geográfico

En el mapa de Jerusalén en la página 33 de su Atlas, trace los viajes de Jesús durante los eventos de la Semana Santa como los representa el Evangelio de Marcos.

Términos importantes

Pasión de Jesús, institución de la Eucaristía, abbá, sepulcro vacío

Trabajo por escrito

1. ¿Qué descubre en el relato de Marcos 14,3–9 (unción de Betania) sobre el Mesías que parece contradecir todas las expectativas que se tenían en aquel tiempo sobre él?
2. a. Jesús dice: "Ésta es mi sangre de la alianza, que es derramada por muchos" (Marcos 14,24). ¿Por qué es importante que entendamos la relación de estas palabras con el relato de Éxodo 24,4–8?
   b. ¿Qué tan importante es la imagen de este sacrificio de sangre para usted? Sea específico en su respuesta.
3. ¿Qué detalles del relato de la pasión son paralelos con el Salmo 22,1–22? Anote las citas bíblicas.
4. Localice Marcos 14,56–65 en su *Sinopsis de los cuatro evangelios* y responda a lo siguiente:
   a. Anote las diferencias que existen en los sinópticos sobre los cargos que le hacían a Jesús.
   b. Escriba las diferencias de la respuesta final que da Jesús en las tres versiones sinópticas sobre su identidad.
5. Termine su investigación sobre el tema de la comprensión y la incomprensión.

Utilice Marcos 14—16 y haga una lista de todos aquellos que demuestran tener un entendimiento de quien es Jesús y de aquellos que no comprenden quien es Jesús. Anote las citas bíblicas y explique brevemente por qué incluyó a estos personajes.

6. Reflexione sobre toda su lectura del Evangelio de Marcos. Si el Evangelio de Marcos fuera el único que tuvieramos:
   a. ¿Cuál sería su reacción o respuesta personal sobre los eventos de la pasión de Jesús y el sepulcro vacío en Marcos 14,1—16,8 (final original en Marcos)?
   b. ¿Cuál sería su imagen de Jesús? ¿Cómo se siente con esta imagen?
   c. ¿Cuáles serían sus pensamientos y sentimientos sobre este Evangelio?

Ejercicio

Lea la lectura complementaria #5 como repaso de todo lo que ha estudiado sobre este Evangelio y responda a la lectura complementaria #7.

SUGERENCIAS ADICIONALES PARA EL ESTUDIANTE

Retos opcionales

1. ¿Cómo se reafirma en Marcos 16,7–8 la imagen que Marcos quiere darnos sobre los discípulos de Jesús en el final de su Evangelio? Sea específico en su respuesta.
2. Marcos 16,9–20 no es el trabajo de Marcos sino algo que se agregó después.
   a. ¿Por qué es importante entender la ausencia de las apariciones de Jesús resucitado en Marcos?
   b. ¿Qué le revela, sobre la situación de la comunidad de Marcos, el hecho de la ausencia de las apariciones de Jesús resucitado?
3. Hay varios finales asociados con el Evangelio de Marcos (el final, el final largo y el final llamado *logion de Freer*). Escriba su propia versión final del Evangelio de Marcos. Continuando la historia que seguiría después de Marcos 16,8 utilice el estilo propio de Marcos.

Sugerencia del versículo a memorizar

Al ver el centurión, que estaba frente a él, que había expirado de esa manera, dijo: Verdaderamente este hombre era hijo de Dios (Marcos 15,39; BJL).

Lecturas adicionales

Artículos: Abbá, Eucaristía, Pasión, Cruz, Pilato (*Diccionario bíblico*).

Catecismo de la Iglesia Católica, §1333–34.

Brown, *Introducción al Nuevo Testamento I*, 215–20.

Juan Pablo II, "Eucaristía y Misión".

Marcos 16,1 Las mujeres traen aromas a la tumba

I.6
La Infancia de Jesús en Lucas 1–2 y Mateo 1–2

Después de haber estudiado esta lección, usted podrá:

1. Explicar que los relatos de la infancia de Jesús sirven como introducciones para los Evangelios.
2. Articular las semejanzas y diferencias de los relatos de la infancia de Jesús en Mateo y Lucas y reconocer sus singularidades y perspectivas teológicas.
3. Entender que Mateo y Lucas utilizan el Antiguo Testamento para desarrollar su material sobre la infancia de Jesús.
4. Entender que el propósito de los relatos de la infancia de Jesús, al igual que el de los Evangelios, es teológico y no histórico.

Lecturas

Evangelio según Mateo 1–2
Evangelio según Lucas 1–2
Lecturas complementarias: Artículos #8 "Lucas–Hechos de los Apóstoles", #9 "Como leer las historias de la natividad de Jesús" y #10 "Los viajes en los relatos de la infancia"

Estudio geográfico

Utilice diferentes colores para hacer lo siguiente en la lectura suplementaria #10:

a. Trace la ruta de los viajes de la Sagrada Familia según Mateo 1–2.
b. Trace la ruta de los viajes de la Sagrada Familia según Lucas 1–2.

Términos importantes

Anunciación, relatos de la infancia, oración, salvador

Trabajo por escrito

1. Elabore un cuadro gráfico que proporcione las semejanzas y diferencias entre los relatos de la infancia de Jesús en Mateo 1–2 y Lucas 1–2, de manera que al hacerlo pueda responder a las siguientes preguntas. Anote las citas bíblicas:
   a. i. ¿Quién envió Dios para anunciar el nacimiento de un niño?
      ii. ¿Quién era el mensajero?
      iii. ¿Cuál era el nombre del niño o cómo se le iba a llamar?
   b. i. ¿Quiénes vienen a adorar y a dar honores al niño?
      ii. ¿Quiénes eran estas personas, judíos o gentiles, ricos o pobres?
   c. ¿Qué eventos suceden en el templo?
   d. ¿Qué profecías del Antiguo Testamento dice el evangelista que se han cumplido?
   e. ¿Qué mujeres tienen un papel importante en esta historia?
2. ¿En qué capítulos del Evangelio o Evangelios encuentra las siguientes imágenes que son parte familiar de la celebración navideña (Mateo 1–2; Lucas 1–2)?

a. María desposada con José y después casados y el nacimiento del niño
b. Los ángeles alaban a Dios diciendo "Gloria a Dios en las alturas"
c. El nombre de Jesús es designado por Dios por medio de un ángel
d. El niño Jesús crece en Nazaret
e. El buey y el asno
f. Un ángel anunciando a María sobre la concepción y nacimiento de Jesús
g. La muerte de los niños inocentes por Herodes
h. María virgen

i. La estrella
j. Jesús como descendiente del trono de David
k. Los "tres reyes"
l. El nacimiento de Jesús sucede después de que María y José están viviendo juntos
m. La acción del Espíritu Santo en la concepción de Jesús
n. El pesebre
o. Jesús considerado como el salvador
p. La huida a Egipto
q. El nacimiento de Jesús toma lugar en el reinado de Herodes el Grande
r. Los camellos de los magos
s. El nacimiento de Jesús en Belén de Judá

3. Los relatos de la infancia de Jesús fueron redactados para presentar temas de los Evangelios. En base a las lecturas en esta lección y a sus respuestas a las preguntas 1 y 2, responda a la siguiente pregunta: ¿de qué manera las diferencias que existen entre los dos relatos le ayudan a entender los diferentes temas de cada Evangelio?
4. La anunciación a Zacarías en Lucas 1,5–23 y la anunciación a María en Lucas 1,26–38 son relatos paralelos. ¿Qué características tienen en común? Sea específico en su respuesta y anote las citas bíblicas.
5. Temas Lucanos: la oración:
   Lucas utiliza este tema más que cualquier otro evangelista. Identifique los pasajes bíblicos de Lucas 1–2 donde haya gente en oración (dando alabanza y honor, etcétera).
   Anote las citas bíblicas, identifique las personas que están en oración y de manera breve describa el contenido de la oración, si es proporcionado por el texto bíblico.
6. ¿Qué relato de la infancia de Jesús en Lucas y en Mateo es su favorito? ¿Por qué?

SUGERENCIAS ADICIONALES PARA EL ESTUDIANTE

Retos opcionales

1. Exprese, por medio de una oración original o forma artística, el ambiente creado por cada relato de la infancia de Jesús.
2. a. Seleccione una variedad de tarjetas de navidad e indique por escrito las historias que pertenecen a Mateo, Lucas o ambos.
   b. Traiga las tarjetas y su trabajo por escrito a la clase para compartir con su grupo.

Sugerencia del versículo a memorizar

Les ha nacido hoy, en la ciudad de David, un salvador; que es el Cristo Señor (Lucas 2,11; BJL).

Dará a luz un hijo, y le pondrás por nombre Jesús, porque el salvará a su pueblo de sus pecados. Todo esto sucedió para que se cumpliera lo dicho por el Señor por medio del profeta: Ved que la virgen concebirá y dará a luz un hijo, y le pondrán por nombre Emmanuel (Mateo 1,21–23; BJL).

Lecturas adicionales

Artículos: Sueños, Ángeles, José, María (*Diccionario bíblico*).
Catecismo de la Iglesia Católica, §525–34.
Brown, *Introducción al Nuevo Testamento I*, 249–53; 313–23.

I.7
Lucas 3,1—9,50

Después de haber estudiado esta lección, usted podrá:

1. Repasar el párrafo 19 de la Constitución Dogmática de la Divina Revelación *(Dei Verbum)* que habla sobre las tres etapas de la redacción de los Evangelios.
2. Entender la manera en que Lucas adaptó el Evangelio de Marcos en la redacción de su Evangelio.
3. Utilizar los métodos de la crítica de la redacción para entender el trabajo del evangelista como editor.
4. Reconocer la particularidad del Evangelio de Lucas: 1) la estructura literaria, 2) las doctrinas teológicas, 3) el enfoque particular sobre Jesús y 4) lo que significa ser discípulo de Jesus.
5. Identificar los temas lucanos (temas recurrentes en Lucas): 1) la etapa del cumplimiento, 2) la historia de la salvación, 3) el discipulado, 4) la oración, 5) el Espíritu Santo y 6) la alegría de la mesa

Lecturas

Evangelio según Lucas 3,1—9,50
Balaguer: Páginas 139–47
Lecturas complementarias: Artículos #11 "Los pasajes *L*", #12 "Material usualmente atribuido a *Q*" y #13 "Los viajes de Jesús en Lucas"

Estudio geográfico

Trace las actividades y viajes de Jesús en Lucas 3,1—9,50 en la lectura complementaria #13. Va a notar que un número de eventos toman lugar en lugares que no son nombrados. Al trazarlos, enfóquese en los lugares que son mencionados y las áreas generales y dirección que siguen en el viaje.

Términos importantes

Pasajes *L*, crítica de la redacción, sermón de la llanura, alegría de la mesa

Trabajo por escrito

1. Lucas 3,21–22 describe el bautismo de Jesús.
   a. ¿Cuáles son las diferencias entre la descripción del bautismo de Jesús en Marcos 1,9–11 y el relato de Lucas?
   b. ¿Cuál cree usted que sea la importancia de estos cambios?
2. Utilice su propio conocimiento y la interconexión entre los relatos en su Biblia:
   a. Anote los pasajes en Lucas 4,1–30 en los cuales el evangelista hace alguna conexión con el Antiguo Testamento, ya sea por medio de citas directas del texto o indirecta por medio de referencias.
   b. Indique como las citas bíblicas le ayudan a identificar quien es Jesús y su misión.
3. a. ¿Cuáles cree usted que son las características más importantes de la nueva manera de vivir lo que enseña Jesús en Lucas 6,12–7,50? Explique las razones por las que escogió cada una de estas características.
   b. De acuerdo con las características que usted seleccionó, describa las maneras en que usted trata de vivir esta nueva manera de vivir. Sea específico en su respuesta.
4. Localice Lucas 7,36–50 en su *Sinopsis de los cuatro evangelios* y responda a lo siguiente:

a. Compare y contraste la escena de la unción en Lucas con la de Marcos.
b. ¿Qué cambios hace Lucas que hacen más enfático su interés por revelar quién es Jesús?
c. ¿Por qué cree usted que Lucas coloca esta escena durante el ministerio de Jesús en lugar de cuando comienza la pasión, como lo hace Marcos?

5. Temas lucanos: la alegría de la mesa (el banquete): Lucas utiliza con mucha frecuencia escenas de comidas o banquetes para enseñar ciertas lecciones a su comunidad. ¿Qué aprendió de las narraciones de comidas o banquetes en Lucas 5,27–39 sobre lo siguiente?:
   a. ¿Quién es Jesús? b. ¿A quién llama Jesús al banquete?
6. Continúe investigando el tema de la oración en Lucas 3,1—9,50. Identifique los pasajes que presentan gente orando. Anote las citas bíblicas, identifique quien ora, y describa brevemente el contenido de la oración, si es proporcionado por el texto bíblico.

SUGERENCIAS ADICIONALES PARA EL ESTUDIANTE

Retos opcionales

1. Represente Lucas 4,18–19 de una forma original ya sea artística o de oración.
2. En Lucas 9,37–50 (la primera misión de los discípulos), el evangelista podría estar reflejando un problema de cómo hacer misiones que esta comunidad tiene. En base a este pasaje, responda a las siguientes preguntas:
   a. ¿Cuál puede ser el problema?
   b. ¿Cuál puede ser la solución?
3. Marcos 6,30–44 (donde alimenta a 5.000) es paralelo con la narración de Lucas 9,10–17. Marcos 8,27–30 (En el cual Pedro proclama su fe) es paralelo con Lucas 9,18–21. Aunque Lucas usó a Marcos como una de sus fuentes, Lucas no utiliza (es decir, omitió) Marcos 6,45—8,26. Los eruditos llaman este hecho la *omisión menor*.
   a. ¿Qué relatos de Marcos 6,45—8,26 omite Lucas? Anote las citas bíblicas.
   b. ¿Por qué cree que Lucas omite esta sección de Marcos?
   c. Una consecuencia de la *omisión menor* es que en el Evangelio de Lucas la alimentación de los 5.000 hombres es seguida por la proclamación de fe de Pedro. ¿Por qué cree usted que Lucas une estas dos historias?
   d. ¿Cuál es su reacción al ver que Lucas no incluye historias muy conocidas sobre Jesús en su Evangelio?

Sugerencia del versículo a memorizar

Pero a ustedes, los que me escuchan, yo les digo: "Amen a sus enemigos, hagan bien a los que los odien (Lucas 6,27; BJL).

Lecturas adicionales

Artículos: Espíritu Santo, Lucas, Comidas (*Diccionario bíblico*).
Catecismo de la Iglesia Católica, §128–29 y §2443.
Brown, *Introducción al Nuevo Testamento I*, 323–33.

Lucas 4,1–4 No sólo de pan

I.8
Lucas 9,51—19,27

Después de haber estudiado esta lección, usted podrá:

1. Reconocer la importancia de los viajes de Jesús en el Evangelio de Lucas.
2. Explicar los temas lucanos: la oración, el uso correcto de la riqueza, el perdón, y la reconciliación y aplicar estas enseñanzas a situaciones de la vida cotidiana.
3. Saber las diferencias de la versión del Padrenuestro en Lucas y Mateo.
4. Entender el material lucano de gran importancia que ha sido agrupado en la sección del camino de Jesús a Jerusalén (Lucas 9,51—19,27).
5. Describir el uso de las parábolas en Lucas como relatos que buscan ilustrar y dar un ejemplo de vida.
6. Observar como la colocación de las parábolas en ciertos contextos nos ayudan a determinar su significado.

Lecturas

Evangelio según Lucas 9,51—19,27
Balaguer: Páginas 148–50
Lecturas complementarias: Articulos #11 "Los pasajes *L*" y #13 "Los viajes de Jesús en Lucas"

Estudio geográfico

1. Trace las actividades y viajes de Jesús en Lucas 9,51—19,27 en la lectura complementaria #13. Va a notar que un número de eventos toman lugar en lugares que no son nombrados.
2. Al trazarlos, enfóquese en los lugares que son mencionados, las áreas generales y la dirección que siguen en el viaje. Si así lo desea puede utilizar diferentes colores para cada lección del Evangelio de Lucas.

Términos importantes

El segmento del camino, la oración del Padrenuestro

Trabajo por escrito

1. ¿Qué ha aprendido usted acerca del modo cristiano de amar a Dios y al prójimo en el Evangelio de Lucas 10,25–42?
2. Localice Lucas 11,1–4 en su *Sinopsis de los cuatro evangelios*. En base a la lectura que haga de los pasajes paralelos de Lucas y Mateo, responda las siguientes preguntas:
   a. ¿Quién debe rezar la oración del Padrenuestro, el individuo o la comunidad? Explique su respuesta.
   b. ¿Por qué debe uno de orar?
   c. ¿Cuáles son las diferencias más importantes que hay en la oración del Padrenuestro entre Lucas y Mateo?
   d. ¿Qué versión del Padrenuestro prefiere usted? ¿Por qué?
3. a. ¿Qué le dicen sobre Dios las tres parábolas de Lucas 15,1–32?
   b. ¿Qué implicaciones tienen estas parábolas sobre la manera de como usted debe de vivir en la comunidad? Sea específico en su respuesta.
4. Temas lucanos: el uso correcto de la riqueza
   Observe que tan frecuentemente el tema del uso correcto de la riqueza se repite

en Lucas 9,51—19,27. Haga un resumen sobre lo que Jesús enseña en estos capítulos con respecto a este tema.

5. En base a su lectura de la lectura complementaria #11, ¿qué pasaje de esta lectura encuentra usted de más significado en su jornada personal de fe? ¿Por qué?
6. Continúe investigando el tema de la oración en Lucas 9,51—19,27. Identifique los pasajes que presentan gente orando. Anote las citas bíblicas, identifique quien ora, y describa brevemente el contenido de la oración, si es proporcionado por el texto bíblico.

SUGERENCIAS ADICIONALES PARA EL ESTUDIANTE

Retos opcionales

1. Redacte los 10 mandamientos en base a las enseñanzas de Jesús como han sido presentadas hasta este momento en Lucas.
2. El relato de Zaqueo ocurre solamente en Lucas:
   a. ¿Qué nos enseña este relato con respecto al significado de ser discípulo en este Evangelio?
   b. Imagínese que usted es Zaqueo. Cuente que sucedió esa tarde en compañía de Jesús.
3. ¿Qué aprende usted sobre la manera de vivir cristiana en los relatos de las comidas (banquetes) en Lucas 14–16?

Sugerencia del versículo a memorizar

Jesús le dijo: "Hoy ha llegado la salvación a esta casa, porque también éste es hijo de Abrahán, pues el Hijo del Hombre ha venido a buscar y salvar lo que estaba perdido" (Lucas 19,9–10; BJL).

Lecturas adicionales

Artículos: Padre, Padrenuestro, Samaria, Pecado (*Diccionario bíblico*).
Catecismo de la Iglesia Católica, § 2759–2865.
Brown, *Introducción al Nuevo Testamento I*, páginas 333–45.

Lucas 10,38–42: Jesús con Marta y María

I.9
Lucas 19,28—24,53

Después de haber estudiado esta lección, usted podrá:

1. Entender la particularidad del relato de la pasión en Lucas y observar el cambio de énfasis con respecto a la versión de Marcos.
2. Explicar como la narración de Lucas sobre la pasión y resurrección han sido diseñadas para comunicar los temas más importantes de su evangelio, particularmente la manera en que él presenta a Jesús y su manera de entender lo que significa ser verdaderos discípulos.
3. Explicar porque el relato de la resurrección de Jesús en Lucas nos conecta con los Hechos de los Apóstoles y al mismo tiempo no nos conecta.

Lecturas

Evangelio según Lucas 19,28—24,53
Balaguer: Páginas 150–57
Lectura complementaria: Artículo #14 "Auto-examen: el Evangelio de Lucas"

Estudio geográfico

En el mapa de la página 33 de su atlas trace el desarrollo de la actividad realizada por Jesús durante la Semana Santa es presentada en el Evangelio de Lucas.

Términos importantes

Apariciones después de la resurrección, fracción del pan, Ascensión

Trabajo por escrito

1. Localice Lucas 22,15–20 en su *Sinopsis de los cuatro evangelios* y responda a las siguientes preguntas:
   a. Compare y contraste la versión de Lucas de la Cena del Señor con la de Marcos.
   b. ¿Qué cree usted que es lo más importante de estas semejanzas y diferencias?
2. ¿Qué aprende sobre Jesús al leer el dialogo que fue añadido por Lucas entre Jesús y los ladrones en Lucas 23,39–43?
3. En base a su lectura de Lucas 24,13–35, ¿cuáles son algunas de las maneras en las cuales podemos reconocer la presencia de Cristo resucitado en nuestras vidas?
4. a. ¿Cómo es diferente la manera en que Lucas nos presenta a Jesús en su relato de la pasión a la manera en que nos lo presenta Marcos?
   b. ¿Qué presentación tiene más significado para usted? ¿Por qué?
5. Temas lucanos: La curación/el perdón/la reconciliación: ¿Qué incidentes en Lucas 19,28—24,53 reflejan estos temas? Anote las citas bíblicas.
6. Concluya su investigación sobre el tema lucano de la oración en Lucas 19,28—24,53. Identifique los pasajes donde hay gente orando (alabando, etcétera). Anote las citas bíblicas, identifique quien es el que ora, y describa brevemente el contenido de la oración, si es proporcionado por el texto bíblico.

Ejercicios

Repase el mapa "La semana de la pasión en Jerusalén" en la página 33 del atlas y responda a la lectura suplementaria #14.

SUGERENCIAS ADICIONALES PARA EL ESTUDIANTE

Retos opcionales

1. Represente lo que usted experimentó al leer el Evangelio de Lucas de una manera original ya sea a manera artística o por medio de un poema.
2. ¿Cómo le ayuda el dialogo entre Jesús y las mujeres de Jerusalén en Lucas 23,27–31 para entender la manera en que Lucas entiende el significado de la pasión de Jesús?

Sugerencia del versículo a memorizar

Y Jesús, dando un fuerte grito, dijo: "Padre, en tus manos pongo mi espíritu". Y, dicho esto, expiró. Al ver el centurión lo sucedido, glorificaba a Dios diciendo: "Ciertamente este hombre era justo" (Lucas 23,46–47; BJL).

Lecturas adicionales

Artículos: Ascensión y Resurrección (*Diccionario bíblico*).
Catecismo de la Iglesia Católica, §656 y §659.
Brown, *Introducción al Nuevo Testamento I*, 345–56.
Comentario Bíblico de Collegeville: El evangelio de San Lucas. Collegeville: Liturgical Press, 2004.

Lucas 22,47–48 Judas traiciona a Jesús

I.10
Repaso del Módulo I

Los estudiantes se responsabilizarán de:

1. Saberse un versículo de memoria, ya sea del Evangelio según Marcos o del Evangelio según Lucas.
   Nombre la traducción utilizada y anotando la cita bíblica.
   Utilice este versículo como tema de oración durante esta semana de repaso.

2. Repase las lecturas complementarias:
   #2 Las tres etapas de la redacción de los evangelios
   #3 La formación de los evangelios
   #5 Visión general del Evangelio de Marcos
   #7 Auto-examen: el Evangelio de Marcos
   #8 Lucas–Hechos de los Apóstoles: una visión general
   #14 Auto-examen: el Evangelio de Lucas

3. Geografía: saber donde están localizados los siguientes lugares y áreas en un mapa de Tierra Santa.
   a. Betania
   b. Jericó
   c. Belén
   d. Judea
   e. Betsaida
   f. Mar de Galilea
   g. Cesarea de Filipo
   h. Mar Muerto
   i. Capernaún
   j. Naín
   k. Decapolis
   l. Nazaret
   m. Fenicia
   n. Samaria
   o. Galilea
   p. Sidón
   q. Genesaret
   r. Siria
   s. Tiro

Mateo 2,1–12 Los sabios de Oriente

MÓDULO II
Jesús en la visión paulina

Después de estudiar este módulo, usted podrá:

1. Saber la cronología, geografía, contexto histórico, cultural y social de los primeros cristianos.
2. Conocer el mensaje cristiano a través de una investigación de la estructura, los temas y la teología de los Hechos de los Apóstoles y las Cartas de Pablo.
3. Utilizar los Hechos de los Apóstoles y las Cartas de Pablo para la oración personal y comunitaria.

Lecturas

Texto principal: *La Biblia*. Use una buena traducción con citas a pie de la página.
Otros textos: Para reforzar los conocimientos y como libros de referencia recomendamos:
Chantal Reynier, Para leer a San Pablo (al cual se le denominará: Reynier)
Holman, *Atlas Bíblico Conciso* (al cual se le denominará: Atlas)
Diccionario Bíblico (al cual se le denominará: Diccionario)

Cada lección debe ser preparada antes de asistir a la clase para así poder participar en las discusiones del equipo de trabajo. Estudie el texto y las citas a pie de la página de cada pasaje bíblico, lea las lecturas asignadas y conteste por escrito el trabajo en una hoja de papel (*no en el cuaderno de trabajo*).

Trabajo por escrito

II.1 HECHOS DE LOS APÓSTOLES 1—12
II.2 HECHOS DE LOS APÓSTOLES 13—28
II.3 1 Y 2 TESALONICENSES; FILIPENSES
II.4 1 CORINTIOS
II.5 2 CORINTIOS
II.6 GÁLATAS
II.7 ROMANOS 1—4
II.8 ROMANOS 5—16
II.9 COLOSENSES, EFESIOS, FILEMÓN
II.10 REPASO DEL MÓDULO II

II.1
Hechos de los Apóstoles 1–12

Después de haber estudiado esta lección, usted podrá:

1. Explicar porque Lucas escribió los Hechos de los Apóstoles.
2. Reconocer que el Evangelio de Lucas y Hechos de los Apóstoles son una obra integrada.
3. Describir los intentos de la Iglesia primitiva de evangelizar e incluir a los gentiles.
4. Identificar los temas principales de los Hechos de los Apóstoles, que incluyen los siguientes:
   a. El crecimiento y desarrollo de la Iglesia primitiva.
   b. El movimiento para incluir a los gentiles en la Iglesia primitiva.
   c. El papel fundamental de Pedro en la Iglesia primitiva.
5. Describir la perspectiva de Lucas sobre la función y teología del Espíritu Santo.
6. Localizar en un mapa Samaria, Damasco, Antioquía en Siria, Lida, Jope, Cesarea (no Cesarea de Filipos), Fenicia, Chipre y Cilicia.

Lecturas

Hechos de los Apóstoles 1–12
Reynier: Páginas 7–12; 15–38
Lectura complementaria: Articulo #8 "Lucas-Hechos de los Apóstoles: una visión general"

Estudio geográfico

Utilizando los mapas en las páginas 34 y 35 del Atlas, localice Samaria, Damasco, Antioquía en Siria, Lida, Jope, Cesarea (no Cesarea de Filipos), Fenicia, Chipre y Cilicia. En el mismo mapa, trace los viajes de los líderes de la Iglesia primitiva.

Términos importantes

Pentecostés, diáconos

Trabajo por escrito

1. Lucas nos proporciona dos versiones de la ascensión de Jesús.
   a. Escriba las diferencias que existen entre el relato de la Ascensión en Hechos de los Apóstoles 1,6–11 y el Evangelio de Lucas 24,50–53? Sea específico en su respuesta.
   b. ¿Qué versión es la que se utiliza en la misa de la Solemnidad de la Ascensión en la liturgia de la Iglesia? Explique las razones de su respuesta.
2. Lucas presenta el evento de Pentecostés en Hechos de los Apóstoles 2,1–6.
   a. ¿Qué imagen (alusiones) del Antiguo Testamento utiliza Lucas en su presentación? Puede utilizar el diccionario bíblico para responder a la pregunta.
   b. ¿Cómo contribuyen estas imágenes a un mejor entendimiento del significado del evento?
3. Utilice las descripciones y eventos en Hechos de los Apóstoles 2,42–47 y 4,32–35 para identificar las características de la Iglesia primitiva tal como Lucas las presenta.
   a. ¿Cómo se relacionan estas características a los temas de importancia que Lucas enfatiza en su Evangelio y en Hechos de los Apóstoles 1–5?

   b. ¿Qué lecciones de Hechos de los Apóstoles 1–5 se pueden aplicar a su vida y a la vida de la Iglesia hoy en día? Explique su respuesta.
4. Dentro de la tradición de la Iglesia, Hechos de los Apóstoles 6,1–6 ha sido considerado como el texto primordial para explicar el origen del diaconado.
   a. ¿Por qué decide el grupo de los *Doce* asignar a siete hombres a servir en la mesa?
   b. ¿Qué criterio se usa para seleccionar a estos hombres?
   c. ¿Cuál es la función de los diáconos hoy en día en la Iglesia?
5. ¿Qué hay de parecido o paralelo entre la muerte de Jesús como está reportada por el Evangelio de Lucas 22–23 y la muerte de Esteban en Hechos 6,8—7,60? Anote las citas bíblicas.
6. Temas lucanos (temas recurrentes en Lucas): la función del Espíritu Santo:
   a. Identifique dos pasajes en Hechos 1–12 en los cuales el crecimiento y expansión de la Iglesia se deba a la dirección del Espíritu Santo.
   b. ¿Dónde percibe la influencia del Espíritu Santo hoy en día en su parroquia?

Ejercicio

(*Los ejercicios son parte del estudio requerido, algunas veces se solicitarán por escrito*). Conforme vaya avanzando en el estudio de la unidad, elija un versículo para memorizar y sea capaz de escribirlo dando la cita bíblica de una manera adecuada (traducción utilizada y cita bíblica [libro, capítulo y versículo]). En cada lección se le ofrece una sugerencia, pero usted puede escoger algún versículo que le haya llamado la atención.

SUGERENCIAS ADICIONALES PARA EL ESTUDIANTE

Retos opcionales

1. ¿Cómo reconciliaría la comisión del Señor resucitado en Hechos 1,8 con la aparente ignorancia y sorpresa de los discípulos al ver que la Iglesia se dirige a los gentiles en Hechos 1–12?
2. Compare y contraste el retrato de Pedro en Hechos 1–12 con el retrato que nos da el Evangelio de Marcos o el Evangelio de Lucas.
3. Presente de una manera artística y original o por medio de una oración uno de los siguientes eventos: el día de Pentecostés, la experiencia de Saulo al ver al Señor resucitado, la historia de Esteban.
4. La experiencia de Pablo de ver al Señor resucitado es descrita por Lucas por primera vez en Hechos 9. Según el relato responda a las siguientes preguntas: a) ¿En qué está montado Pablo? b) ¿Qué es lo que ve Pablo? ¿Qué nos dice Pablo que vio en 1 Corintios 9,1 y 15,8?

Sugerencia del versículo a memorizar

Al contrario, ustedes recibirán una fuerza, cuando el Espíritu Santo venga sobre ustedes, y de este modo serán mis testigos en Jerusalén, en toda Judea y Samaria, y hasta los confines de la tierra (Hechos 1,8; BJL).

Lecturas adicionales

Artículos: Hechos de los Apóstoles, Pentecostés, Esteban, Diácono (*Diccionario bíblico*).

Catecismo de la Iglesia Católica (CIC), §696, §731–47, §886, §896, §1256, §1287, §1538, §1554, §1569–74, §1588, §1596 y §2623–24.

Brown, *Introducción al Nuevo Testamento I*, 377–406

II.2
Hechos de los Apóstoles 13–28

Después de haber estudiado esta lección, usted podrá:

1. Valorar la persona y obra de Pablo.
2. Ver a Pablo como representante de la misión de la Iglesia a las naciones gentiles.
3. Empezar a distinguir el retrato que da Lucas sobre Pablo del retrato encontrado en las Cartas de Pablo.
4. Entender como Lucas continúa exponiendo los temas teológicos de su Evangelio en los Hechos de los Apóstoles.
5. Observar las consecuencias para la Iglesia debido al cambio o giro del judaísmo al mundo gentil helenístico.
5. Localizar en un mapa Antioquía en Siria, Chipre, Antioquía de Pisidia, Galacia, Macedonia, Atenas, Corinto, Creta, Malta y Roma.

Lecturas

Hechos de los Apóstoles 13–28
Reynier: Páginas 41–65
Lecturas complementarias: Artículos #15 "Esquema de la cronología de la vida de Pablo" y #16 "El mundo de Pablo"

Estudio geográfico

En la lectura suplementaria #16, trace los viajes de Pablo que están descritos en Hechos 13–28. Apunte especialmente los lugares de Antioquía en Siria, Chipre, Antioquia de Pisidia, Galacia, Macedonia, Atenas, Corinto, Creta, Malta y Roma. Utilice los mapas de las páginas 38 y 39 de su Atlas para calcular el número de millas que Pablo viajó en cada viaje misionero.

Términos importantes

La misión a los gentiles, el Concilio de Jerusalén, los viajes misioneros

Trabajo por escrito

1. ¿Cuál parece ser el modelo de la actividad misionera de Pablo según se desarrolla en Hechos de los Apóstoles 13? Anote las citas bíblicas en su respuesta.
2. Utilice los dos relatos de la predicación de Pablo a una audiencia totalmente gentil (Hechos 14,15–17; 17,22–31) para responder a las siguientes preguntas:
   a. Haga un resumen de la descripción de Pablo sobre Dios y otro resumen sobre la relación de Dios con los gentiles en el pasado.
   b. Explique la relación entre Dios y los gentiles desde el evento de Cristo, tal como Pablo lo explica en Hechos 17,30–31.
3. ¿Qué se menciona en el discurso de despedida de Pablo a los presbíteros de Éfeso (Hechos 20,17–38) que usted sienta que sería de mucha ayuda a los párrocos de hoy en día? Explique la razón de su respuesta.
4. Lucas nos proporciona el relato del Concilio de Jerusalén en Hechos 15,1–29. El recuerdo de Pablo sobre su participación en la junta esta escrito en Gálatas 2,1–10.
   a. ¿Qué diferencias encuentra en estos dos relatos?
   b. ¿Por qué cree usted que el relato de Pablo difiere del relato de Lucas?
5. Imagínese que usted es un gentil del siglo primero viviendo en Atenas. Escriba

un breve relato sobre la manera en que reaccionaría usted a la predicación de Pablo.

SUGERENCIAS ADICIONALES PARA EL ESTUDIANTE

Retos opcionales

1. a. ¿Qué semejanzas puede usted encontrar entre el juicio de Jesús como está descrito en el Evangelio de Lucas y los juicios de Pablo como están descritos en Hechos 24–25? Anote las citas bíblicas tanto del Evangelio de Lucas como de Hechos de los Apóstoles.
   b. ¿Por qué cree usted que son importantes estas semejanzas?
2. Describa a Pablo de manera original ya sea por medio de una poesía, oración o forma artística tal como usted lo entiende en base a su lectura de Hechos de los Apóstoles.
3. ¿Qué versículo de Hechos de los Apóstoles 13–28 le da estímulo en sus intentos de proclamar la Buena Nueva de Jesucristo en su propia vida? ¿Por qué escogió estos versículos?

Sugerencia del versículo a memorizar

Pues en él vivimos, nos movemos y existimos, como han dicho algunos de ustedes: "Porque somos también de su linaje" (Hechos 17,28; BJL).

Lecturas adicionales

Artículo: Pablo (*Diccionario bíblico*).
Catecismo de la Iglesia Católica, §880–81 y §1226.
Brown, *Introducción al Nuevo Testamento I*, 407–22

Hechos 16,13–15 Pablo predica a las mujeres

II.3
1 y 2 Tesalonicenses; Filipenses

Después de haber estudiado esta lección, usted podrá:

1. Leer lo que escribe Pablo y aprender a cerca de su mundo y sus Cartas.
2. Entender que las Cartas de Pablo son respuestas a preocupaciones pastorales en varias comunidades en ese tiempo.
3. Reconocer que Pablo usa muchas imágenes para comunicar su entendimiento de la persona y obra salvadora de Jesucristo.
4. Explicar el contexto histórico, social y religioso en las comunidades cristianas de Tesalónica y Filipos que provocaron la respuesta de Pablo.
5. Admitir que hay preguntas relacionadas sobre el verdadero autor de algunas Cartas paulinas.
6. Localizar en un mapa Tesalónica, Acaya y Filipos.

Lecturas

1 y 2 Tesalonicenses; Filipenses
Reynier: Páginas 75–90; 96–98; 181–85
Lecturas complementarias: Artículos #17 "¿Cuándo ocurrirá el rapto?" y #18 "Visión general de las Cartas de Pablo"

Estudio geográfico

Utilizando el mapa de la página 37 del Atlas, localice Tesalónica, Acaya y Filipos.

Términos importantes

Parusía, kenosis

Trabajo por escrito

1. ¿Qué aprende usted sobre la primera comunidad cristiana en el primer capítulo de 1 Tesalonicenses? De por lo menos tres ejemplos y anote las citas bíblicas.
2. a. Haga una lista de las semejanzas y diferencias entre 1 Tesalonicenses 5,1–11 y 2 Tesalonicenses 2,1–12 con respecto al problema de la parusía (el retorno de Cristo).
   b. ¿Qué revelan estas semejanzas y diferencias sobre el carácter del autor paulino de 2 Tesalonicenses? Sea específico en su respuesta.
3. a. Utilice la lectura complementaria #17 e identifique por lo menos tres imágenes apocalípticas que Pablo usa en 1 Tesalonicenses 4,13–18. Anote las citas bíblicas.
   b. ¿Qué enseñanza fundamental nos comunica Pablo mediante su uso de estas imágenes apocalípticas?
4. a. Pablo nos presenta un antiguo himno cristiano sobre Cristo en Filipenses 2,5–11.
   b. Responda a las siguientes preguntas sobre este himno:
      i. ¿Cuáles son las tres etapas principales de la vida de Cristo? Anote las citas bíblicas.
      ii. ¿De qué maneras Cristo se despoja de sí mismo? Anote las citas bíblicas.
      iii. ¿Cuál es el nombre dado a Jesucristo por haberse despojado de sí mismo?

5. La Carta a los Filipenses es frecuentemente usada por sus versículos muy emotivos. ¿Qué versículo(s) de esta Carta son de mucho significado para usted? ¿Por qué?
6. La visión de Pablo es que la vida cristiana se debe de vivir con la expectación de la parusía. ¿Cómo interpretaría usted esta visión hoy en día, si típicamente no consideramos que el retorno de Cristo sea inminente?

SUGERENCIAS ADICIONALES PARA EL ESTUDIANTE

Retos opcionales

Imagínese que usted es un miembro de la Iglesia tesalonicense o filipense y ha escuchado la lectura de una de estas Cartas en su comunidad. Responda a Pablo por medio de una carta en respuesta a algún problema pastoral.

Sugerencia del versículo a memorizar

En todo momento damos gracias a Dios por todos ustedes, recordándoles sin cesar en nuestras oraciones. Tenemos presente ante nuestro Dios y Padre el obrar de su fe, el trabajo difícil de su caridad, y la tenacidad de su esperanza en Jesucristo nuestro Señor (1 Tesalonicenses 1,2–3; BJL).

Con este objeto rogamos en todo tiempo por ustedes: que nuestro Dios los haga dignos de la vocación y lleve a término con su poder todo su deseo de hacer el bien y la actividad de la fe (2 Tesalonicenses 1,11; BJL).

Pero lo que era para mí ganancia, lo he juzgado una pérdida a causa de Cristo. Y más aún: juzgo que todo es pérdida ante la sublimidad del conocimiento de Cristo Jesús, mi Señor (Filipenses 3,7–8a; BJL).

Si usted lo desea, intente memorizar el hermoso himno cristiano que Pablo usa en Filipenses 2,5–11.

Lecturas adicionales

Artículos: Escatología, Kenosis, Parusía, Tesalonicenses (*Diccionario bíblico*).
Catecismo de la Iglesia Católica, §997–1001, §2641 y §2667.
Brown, *Introducción al Nuevo Testamento I*, 599–610; 765–74; 633–54.

Filipenses 2,10–11 Jesús es el Señor

II.4
1 Corintios

Después de haber estudiado esta lección, usted podrá:

1. Identificar la situación de la comunidad de los Corintios y las soluciones que ofrece esta Carta a cada problema.
2. Entender que la exhortación de Pablo es que los miembros de la comunidad tengan un comportamiento Cristocéntrico.
3. Reconocer los temas paulinos: amor, sabiduría, Eucaristía, escatología, y los dones del Espíritu.
4. Explicar el mensaje de Pablo en 1 Corintios.
5. Localizar en un mapa Corinto y Éfeso.

Lecturas

1 Corintios
Reynier: Páginas 91–93; 127–32; 153–59
Lecturas complementarias: Artículos #18 "Visión general de las Cartas de Pablo" y #19 "Las asambleas y la Eucaristía"

Estudio geográfico

Utilizando el mapa de la página 37 del Atlas, haga lo siguiente: localice Corinto y Éfeso; localice "El segundo viaje misionero de Pablo" y calcule la distancia de Corinto a Éfeso viajando por mar. Utilizando el mapa de la página 38 del Atlas "El tercer viaje misionero de Pablo", calcule la distancia de Éfeso a Corinto viajando por tierra.

Términos importantes

Cuerpo de Cristo, Eucaristía, dones del Espíritu, resurrección

Trabajo por escrito

1. Responda a las siguientes preguntas en base a la lectura de 1 Corintios 1–6:
   a. ¿Qué es lo que causa divisiones en la comunidad?
   b. ¿Cómo piensa Pablo que la unidad se puede lograr?
   c. ¿Cómo se puede aplicar el mensaje de Pablo a la Iglesia de hoy en día?
2. Utilizando 1 Corintios 7–11, seleccione un problema al cual Pablo responde e identifíquelo:
   a. La raíz o causa del problema. Anote las citas bíblicas.
   b. El consejo particular que da Pablo sobre el problema. Anote las citas bíblicas.
   c. ¿Qué problema contemporáneo es equivalente al problema que usted identificó? Explique su respuesta.
3. Pablo nos presenta el relato más antiguo sobre la institución de la Eucaristía en 1 Corintios 11,23–25. Localice 1 Corintios 11,23–26 en su *Sinopsis de los cuatro evangelios* (busque la página de este relato en "Índice de los pasajes paralelos al final de la sinopsis) y responda a las siguientes preguntas:
   a. ¿Cuál de los relatos sinópticos es el más similar al de Pablo? Explique cómo son estos relatos similares.
   b. ¿Cuál cree usted que es el significado primordial de este banquete para Pablo?
   c. ¿Cómo utiliza la Iglesia 1 Corintios 11,26 en la liturgia eucarística?

4. Pablo escribe sobre los dones espirituales en 1 Corintios 12–14.
   a. ¿Qué criterio usa Pablo para evaluar algún don espiritual y determinar que dones toman prioridad sobre otros?
   b. ¿Qué nos indica la imagen del cuerpo sobre los dones espirituales?
   c. ¿Qué nos indica la imagen del cuerpo sobre el entendimiento que tiene Pablo de la comunidad cristiana?
   d. ¿De qué maneras complementa 1 Juan 4,8 su entendimiento de 1 Corintios 13?
5. 1 Corintios 15 es el capítulo más largo de las Cartas paulinas.
   a. ¿Qué evidencias da Pablo de que Cristo resucitó de los muertos en 1 Corintios 15,1–11?
   b ¿Cómo responde Pablo a cada una de las dos preguntas en 1 Corintios 15,35 con respecto al modo de la resurrección? Anote las citas bíblicas.

SUGERENCIAS ADICIONALES PARA EL ESTUDIANTE

Retos opcionales

1. Utilizando el estilo literario de 1 Corintios, escriba una carta breve a su parroquia sobre alguna situación en la comunidad que usted vea como problemática.
2. Represente, por medio de una oración o forma de arte original, el pasaje de 1 Corintios que sea de más significado para usted.
3. Compare y contraste la Iglesia de Pablo en Corinto con la Iglesia de Jerusalén tal como está descrita por los discursos de Lucas (Hechos 2,42–47; 4,32–37; 5,12–16). ¿Qué imagen cree usted que es más realista? Explique su respuesta.

Sugerencia del versículo a memorizar

Así, mientras los judíos piden signos y los griegos buscan sabiduría, nosotros predicamos a un Cristo crucificado: escándalo para los judíos, locura para los gentiles; más para los llamados, lo mismo judíos que griegos, un Cristo, fuerza de Dios y sabiduría de Dios. Porque la locura divina es más sabia que la sabiduría de los hombres, y la debilidad divina, más fuerte que los hombres (1 Corintios 1,22–25; BJL).

Lecturas adicionales

Artículos: Cuerpo y Espíritu, Resurrección (*Diccionario bíblico*).

Catecismo de la Iglesia Católica, §364, §411, §601, §610, §651, §655 y §1328–29.

Brown, *Introducción al Nuevo Testamento I*, 669–99.

1 Corintios 1,10 Pablo habla en contra de las divisiones

II.5
2 Corintios

Después de haber estudiado esta lección, usted podrá:

1. Identificar los temas principales de 2 Corintios.
2. Observar como Pablo crece en conocimiento de sí mismo.
3. Explicar lo que significa ser apóstol en la visión de Pablo, su propia experiencia de ser un apóstol y la importancia de su función como un apóstol en la comunidad.
4. Continuar analizando como Pablo relaciona su teología con los problemas prácticos.
5. Estar familiarizado con la complejidad de la relación de Pablo con la comunidad de los corintios y con los problemas que confronta en 2 Corintios.
6. Entender la importancia de ser comunidad en la Iglesia primitiva.
7. Encontrar en un mapa las provincias romanas de Troas, Macedonia y Asia.

Lecturas

2 Corintios
Reynier: Páginas 94–96
Lecturas complementarias: Artículos #18 "Visión general de las Cartas de Pablo", #20 "Ustedes son el Cuerpo de Cristo: antropología cristiana según Pablo" y #21 "Auto-examen: Hechos y Pablo–1"

Estudio geográfico

Utilizando el mapa de la página 37 del Atlas, localice las provincias romanas de Troas, Macedonia y Asia.

Términos importantes

Apóstol, reconciliación, colecta de Jerusalén

Trabajo por escrito

1. Pablo describe la superioridad de un ministerio que implica al Espíritu, fruto de la Nueva Alianza, en 2 Corintios 3,4—4,18. En base a su lectura de este texto bíblico, responda a las siguientes preguntas:
   a. ¿Cómo recibe la persona este ministerio?
   b. ¿Cómo usa Dios la humanidad (fragilidad) del ministro para llevar a cabo su obra?
2. Pablo describe el ministerio de la conciliación y el ser embajadores de Cristo en 2 Corintios 5,16–21.
   a. Según su lectura sobre la comunidad de Corinto, ¿por qué recomienda Pablo que ellos sean embajadores de Cristo y sean testigos de la conciliación? Use las Cartas a los Corintios y anote las citas bíblicas para responder a esta pregunta.
   b. ¿De qué maneras está usted llamado a ser un embajador de Cristo y ser testigo de la conciliación? Sea específico en su respuesta.
3. 2 Corintios 8–9 trata sobre la generosidad cristiana y la colecta en pro de la Iglesia de Jerusalén, que fue mencionada por primera vez en 1 Corintios 16,1–4. En base a estos pasajes, responda a las siguientes preguntas:
   a. ¿Qué ejemplos de generosidad utiliza Pablo para poder animar a los corintios a dar en la colecta?

b. ¿Qué aprende usted de la visión de Pablo sobre lo que es ser Iglesia?
c. A parte de ayudar a la Iglesia de Jerusalén, ¿de qué maneras podría afectar esta colecta al ministerio de Pablo?

4. En base a su lectura de 2 Corintios 10–12, haga un resumen de las diferencias entre los falsos y los verdaderos apóstoles. Anote las citas bíblicas.
5. Imagínese que usted es un miembro recién bautizado en la comunidad cristiana de Corinto. Describa de manera breve sus impresiones sobre Pablo como pastor.

Ejercicios

1. Lea la lectura complementaria #18 para repasar la información básica sobre Pablo, 1 Tesalonicenses, 2 Tesalonicenses, Filipenses, 1 Corintios y 2 Corintios.
2. Conteste al auto examen de la lectura suplementaria #21.

SUGERENCIAS ADICIONALES PARA EL ESTUDIANTE

Retos opcionales

1. a. ¿Qué características del liderazgo cristiano podemos encontrar en 2 Corintios 1–4? Anote las citas bíblicas.
   b. Anote ejemplos donde usted vea este tipo de liderazgo y donde cree que hace falta en la Iglesia de hoy en día. Sea específico en su respuesta.
2. Reflexione sobre las lecturas de 2 Corintios 1,3–7 y 2,5–11. Represente, de una manera artística original o por medio de poesía o una oración, el significado que estas lecturas tienen para usted.

Sugerencia del versículo a memorizar

Pero llevamos este tesoro en recipientes de barro para que aparezca que una fuerza tan extraordinaria es de Dios y no de nosotros. Apretados en todo, mas no aplastados; apurados, mas no desesperados; perseguidos, mas no abandonados; derribados, mas no aniquilados. Llevamos siempre en nuestros cuerpos por todas partes la muerte de Jesús, a fin de que también la vida de Jesús se manifieste en nuestro cuerpo. Pues, aunque vivimos, nos vemos continuamente entregados a la muerte por causa de Jesús, a fin de que también la vida de Jesús se manifieste en nuestra carne mortal (2 Corintios 4,7–11; BJL).

La gracia del Señor Jesucristo, el amor de Dios y la comunión del Espíritu Santo sean con todos ustedes (2 Corintios 13,13; BJL).

Lecturas adicionales

Artículo: Apóstoles (*Diccionario bíblico*).
Catecismo de la Iglesia Católica, §249, §734, §981, §1109, §1351, §2407 y §2833.
Brown, *Introducción al Nuevo Testamento I*, 705–14.

2 Corintios 11,33 "En una canasta fui descolgado"

II.6 Gálatas

Después de haber estudiado esta lección, usted podrá:

1. Explicar el contexto de la comunidad de Galacia, sus problemas y saber las soluciones que Pablo ofrece a los gálatas.
2. Describir el entendimiento de Pablo sobre la Ley Mosaica (Torá) en relación a los gentiles convertidos al cristianismo en las primeras comunidades cristianas.
3. Comprender las diferentes perspectivas del judaísmo y el cristianismo con respecto a la Ley Mosaica.
4. Describir el entendimiento de Pablo sobre el Evangelio en el proceso de la salvación y la función de Cristo en la historia de la salvación.
5. Explicar el entendimiento de Pablo sobre la libertad cristiana.
6. Ver la perspectiva de Pablo sobre la manera en que la libertad y la autoridad obran juntas en una comunidad.
7. Encontrar en un mapa Galacia y Arabia.

Lecturas

Gálatas
Reynier: Páginas 101–04
Lectura complementaria: Artículo #18 "Visión general de las Cartas de Pablo"

Estudio geográfico

Utilizando los mapas de las páginas 35 y 36 del Atlas, localice Galacia y Arabia.

Términos importantes

Libertad, fe, judaizante, circunsición

Trabajo por escrito

1. Lucas describe el llamado y la conversión de Pablo tres veces en Hechos 9,1–19; 22,1–21; 26,12–18.
   a. Haga una lista de las semejanzas y diferencias de estas tres historias (*pista*: quien ve que cosa; quien escucha que cosa; ¿qué dice Jesús?).
   b. Haga una lista de las semejanzas y diferencias entre los relatos de Hechos 9,1–19 y el propio relato de Pablo en Gálatas 1,11–17 y 1 Corintios 9,1; 15,8.
   c. ¿Qué piensa sobre las diferencias entre el relato de Lucas sobre el llamado y la conversión de Pablo y el propio relato de Pablo?
2. Muchos judíos del primer siglo creían que una buena relación con Dios provenía de su obediencia a la Ley Mosaica. Según Gálatas 2,15–21, ¿cómo podemos tener una buena relación con Dios?
3. Responda a las siguientes preguntas en base a la lectura de Gálatas 3:
   a. ¿Por qué apela Pablo al ejemplo de Abrahán?
   b. ¿Qué función tenía la Ley Mosaica antes del tiempo de Cristo? Anote las citas bíblicas.
   c. ¿Por qué la Ley Mosaica ya no se aplica a los cristianos?
4. Describa la relación continúa entre Dios y los cristianos según Gálatas 4,1–11.
5. Responda a las siguientes preguntas en base a su lectura de Gálatas 5,1—6,10:

a. De dos ejemplos de problemas en el mundo actual que muestren la lucha entre la carne y el espíritu que Pablo describe.
b. Describa la calidad de vida que los cristianos deben vivir.

6. En sus propias palabras, haga un resumen de lo que usted cree es el mensaje más importante de esta Carta. ¿Por qué es este mensaje importante?

SUGERENCIAS ADICIONALES PARA EL ESTUDIANTE

Retos opcionales

1. ¿Qué consejo de la Carta a los Gálatas es de mucha ayuda en sus esfuerzos para preservar el Evangelio de la distorsión de no vivir el espíritu de la ley?
2. Compare y contraste la actitud de Pablo en Gálatas 3,28 con la del Rabino Yehudá ben Ilai (ca. 150 d.C.) que escribió lo siguiente:

   Tres agradecimientos se deben de decir cada día:
   Alabado sea Dios porque no me hizo una mujer.
   Alabado sea Dios porque no me hizo un ignorante.
   Alabado sea Dios porque no me hizo un gentil,
   ya que todos los gentiles no son nada frente a Él.

Sugerencia del versículo a memorizar

Pues todos son hijos de Dios por la fe en Cristo Jesús. Los que se han bautizado en Cristo, se han revestido de Cristo: ya no hay judío ni griego; ni esclavo ni libre; ni hombre ni mujer, ya que todos ustedes son uno en Cristo Jesús (Gálatas 3,26–28; BJL).

Lecturas adicionales

Artículos: circuncisión, fe, judaísmo (*Diccionario bíblico*).
Catecismo de la Iglesia Católica, §422, §442, §580, §1741 y §1748.
Brown, *Introducción al Nuevo Testamento I*, 613–21.
Humberto Vargas Rivera, LSS, "Libertad cristiana y la ley del Espíritu". Asociación de Biblistas Mexicanos (ponencias, 2004). Véase http://www.sitioabm.com/2004_libertad_cristiana.htm.

Gálatas 2,11–14 Pablo cara a cara con Pedro

II.7
Romanos 1–4

Después de haber estudiado esta lección, usted podrá:

1. Reconocer el contexto social, histórico y religioso de la comunidad cristiana en Roma.
2. Entender que la Carta a los Romanos es un profundo resumen de la teología de Pablo.
3. Reconocer la estructura y los temas de la Carta a los Romanos.
4. Saber cuál es el mensaje de Pablo sobre la justificación y la manera en que lo comunica a la comunidad romana.
5. Entender justificación como la acción de Dios a través de Cristo para llevarnos a una relación correcta con Dios y que nuestra respuesta a esta acción divina es la fe.
6. Explicar la visión de Pablo sobre el hecho de que la justificación viene de la fe en Cristo y no de la observancia de la Ley Mosaica.

3\. Localizar en un mapa Roma.

Lecturas

Romanos 1–4
Reynier: Páginas 104–07; 133–38; 175–79
Lectura complementaria: Articulo #13 "Visión general de las Cartas de Pablo"

Estudio geográfico

Utilizando el mapa de la página 39 del Atlas, localice Roma.

Términos importantes

Justificación, justicia de Dios

Trabajo por escrito

1. Según Romanos 1,18–32:
   a. ¿Cómo pueden los gentiles conocer a Dios? Anote las citas bíblicas.
   b. ¿Cómo han respondido los gentiles a Dios y cual ha sido el resultado de su respuesta? Anote las citas bíblicas.
2. Según Romanos 2,17—3,20:
   a. ¿Cómo pueden los judíos conocer a Dios? Anote las citas bíblicas.
   b. ¿Cómo han respondido los judíos a Dios y cual ha sido el resultado de su respuesta? Anote las citas bíblicas.
3. Según Romanos 3,21–31:
   a. ¿Qué hace Dios por la humanidad?
   b. ¿Cómo debería de responder la humanidad a Dios?
4. Pablo ve la justificación por la fe prefigurada en Abrahán. Lea Romanos 4 y responda a estas preguntas:
   a. ¿Cómo usa Pablo el ejemplo de Abrahán para demostrar que la circuncisión (que es parte de la observancia de la Ley Mosaica) no es necesaria para una correcta relación con Dios?
   b. ¿Encuentra el ejemplo que usa Pablo sobre Abrahán convincente? Explique su respuesta.

5. a. Los mandamientos de la Iglesia según el *Catecismo de la Iglesia Católica* (§2041–43) son los siguientes:
      i. Oír misa entera los domingos y fiestas de precepto.
      ii. Confesar los pecados mortales al menos una vez al año, y en peligro de muerte, y si se ha de comulgar.
      iii. Comulgar por Pascua de Resurrección como mínimo.
      iv. Ayunar y abstenerse de comer carne cuando lo manda la Iglesia.
      v. Ayudar a la Iglesia en sus necesidades.
   b. ¿Cree usted que estos mandamientos y las obligaciones sean equivalentes a *La Ley* como el término es usado en esta Carta? ¿Por qué si o por qué no?
6. ¿Qué pasaje de Romanos 1–4 es el de mayor importancia para usted? ¿Por qué?

SUGERENCIAS ADICIONALES PARA EL ESTUDIANTE

Retos opcionales

1. Aunque los cristianos son justificados por la acción de Dios, ¿qué lugar ocupan en la vida cristiana la celebración litúrgica y el servicio amoroso al prójimo? Sea específico en su respuesta.
2. Según Pablo, ¿cuál es la diferencia entre el cólera de Dios y la justificación (justicia de Dios)? Anote las citas bíblicas.
3. En base a su lectura de Romanos 1,18—2,16, ¿cómo es posible reconciliar la enseñanza de Pablo sobre la cólera de Dios con su afirmación de todo aquel que sigue su conciencia será salvado?

Sugerencia del versículo a memorizar

Pues no me avergüenzo del Evangelio, que es una fuerza de Dios para la salvación de todo el que cree: del judío primeramente y también del griego. Porque en él se revela la justicia de Dios, de fe en fe, como dice la Escritura: El justo vivirá por la fe (Romanos 1,16–17; BJL).

Lecturas adicionales

Artículos: Justicia: Jesús y Roma (*Diccionario bíblico*).
Catecismo de la Iglesia Católica, §1987–2005.
Brown, *Introducción al Nuevo Testamento I*, 734–37.

Romanos 3,15 "...ligeros sus pies para derramar sangre"

II.8
Romanos 5–16

Después de haber estudiado esta lección, usted podrá:

1. Estar familiarizado con la visión de Pablo sobre la vida cristiana.
2. Describir la visión de Pablo acerca de la función del Espíritu en la vida de los cristianos.
3. Percatarse la manera en la cual Pablo utiliza la Sagrada Escritura para respaldar sus ideas.
4. Explicar la visión de Pablo sobre el papel de los judíos en el plan de Dios.
5. Reconocer la distinción que hace Pablo entre Adán y Cristo.
6. Aplicar el mensaje cristiano a situaciones prácticas de la vida.

Lecturas

Romanos 5–16
Reynier: Páginas 139–42; 143–46; 147–52; 161–66

Estudio geográfico

Utilizando los mapas de las páginas 38 y 39 de su Atlas, calcule la distancia entre Corinto y Roma por tierra y por mar.

Términos importantes

Elección

Trabajo por escrito

1. En Romanos 5,12–21, Pablo hace una distinción entre Adán y Cristo.
   a. ¿Cuál es el entendimiento de Pablo sobre la condición de la humanidad debido a la desobediencia de Adán? Anote las citas bíblicas.
   b. ¿Cuál es el entendimiento de Pablo sobre la condición de la humanidad por la obediencia de Cristo? Anote las citas bíblicas.
2. Según Romanos 6, ¿cómo entiende Pablo el bautismo y sus efectos en los cristianos? Anote las citas bíblicas.
3. a. En base a su lectura de Romanos 8, haga un resumen sobre como entiende Pablo la función del Espíritu en la vida de los cristianos.
   b. ¿Cómo experimenta la acción del Espíritu en su propia vida? ¿Sea específico en su respuesta?
4. Responda a las siguientes preguntas según Romanos 9–11 (la preocupación que tiene Pablo de que muchos judíos no se han hecho cristianos):
   a. ¿Mantiene Dios su divina promesa hecha a Israel? Explique su respuesta.
   b. ¿Es Dios injusto al elegir a una persona y no a otra? Explique las razones de su respuesta.
   c. ¿Qué está Pablo tratando de comunicar al utilizar la metáfora del olivo?
   d. ¿Ha perdido Pablo toda su esperanza por Israel? Explique su respuesta y anote las citas bíblicas.
5. Pablo parece hacer declaraciones fuertes sobre la actitud cristiana hacia la autoridad civil en Romanos 13,1–7.
   a. ¿Cuáles son las semejanzas y diferencias entre la actitud de Pablo hacia el estado y la actitud de Jesús tal como está escrito en Marcos 12,13–17?

b. ¿Cómo puede usted reconciliar lo que dice Pablo con lo que dicen y hacen los apóstoles en Hechos 4,1–22 y 5,27–42?
c. ¿Qué mensaje tiene Romanos 13,1–7 para los cristianos del siglo XXI que viven en una república democrática?

SUGERENCIAS ADICIONALES PARA EL ESTUDIANTE

Retos opcionales

1. ¿Cómo le da Romanos 8,31–39 esperanza para afrontar la adversidad a nivel personal y a escala mundial?
2. Escriba un informe sobre Prisca y Áquila y reconstruya los eventos más importantes de sus vidas. Utilice Romanos 16,3 para escribir su informe.

Sugerencia del versículo a memorizar

Por lo demás, sabemos que en todas las cosas interviene Dios para bien de los que le aman; de aquellos que han sido llamados según su designio (Romanos 8,28; BJL).

¿Quién nos separará del amor de Cristo?...Pues estoy seguro de que ni la muerte, ni la vida, ni los ángeles, ni los principados, ni lo presente, ni lo futuro, ni las potestades, ni la altura, ni la profundidad, ni otra criatura alguna podrá separarnos del amor de Dios manifestado en Cristo Jesús Señor nuestro (Romanos 8,35a.38–39; BJL).

¡Oh abismo de riqueza, de sabiduría y de ciencia el de Dios! ¡Cuán insondables son sus designios e inescrutables sus caminos! En efecto, ¿quién conoció el pensamiento de Señor? O ¿quién fue su consejero? O ¿quién le dio primero que tenga derecho a la recompensa? Porque de él, por él y para él son todas las cosas. ¡A él la gloria por los siglos! Amén (Romanos 11,33–36; BJL).

Lecturas adicionales

Artículo: Elección (*Diccionario bíblico*).
Catecismo de la Iglesia Católica, §143, §402 y §420.
Brown, *Introducción al Nuevo Testamento I*, 737–48.

Romanos 8,22 "La creación entera gime"

II.9
Colosenses; Efesios; Filemón

Después de haber estudiado esta lección, usted podrá:

1. Explicar el por qué se cuestiona el que Pablo sea el autor de Colosenses y Efesios.
2. Reconocer el contexto social, histórico, y religioso de las comunidades a las que estas Cartas van dirigidas.
3. Identificar los temas principales de las Cartas de Pablo a los Colosenses, a los Efesios y a Filemón.
4. Explicar la función única de Cristo en la historia de la salvación tal como esta escrita en Colosenses y Efesios.
5. Reconocer el estilo retórico de Pablo en su Carta a Filemón.
6. Localizar en un mapa Colosas y Éfeso.

Lecturas

Colosenses; Efesios; Filemón
Reynier: Páginas 109–15; 98–100; 167–73
Lecturas complementarias: Artículos #18 "Visión general de las Cartas de Pablo", #22 "Diez efectos del acontecimiento de Cristo" y #23 "Auto-examen: Pablo–2"

Estudio geográfico

Utilizando el mapa de la página 38 del Atlas, localice Colosas y Éfeso.

Términos importantes

Las cartas de la cautividad, Cristo cósmico, código de moral familiar, esclavitud

Trabajo por escrito

1. Responda a las siguientes preguntas según su lectura del himno cristológico de Colosenses 1,15–20:
   a. ¿Quién es Cristo? Anote las citas bíblicas.
   b. ¿Cuál es la función de Cristo? Anote las citas bíblicas.
2. Responda a las siguientes preguntas en base a Efesios 4,4–6:
   a. ¿Cuáles son las siete características de la unidad de los cristianos en el Espíritu?
   b. ¿Cómo están estas características de unidad presentes entre los cristianos hoy en día? Sea específico en su respuesta.
   c. ¿Cómo se podrían usar estas características de la unidad para fomentar el diálogo ecuménico (diálogo entre cristianos y no cristianos por la unidad)?
3. Efesios 5,21—6,9 y Colosenses 3,18—4,1, que se les conoce como *códigos de moral familiar*, dan consejos prácticos para situaciones que encontramos dentro de todo tipo de relaciones.
   a. ¿Encuentra el principio de igualdad ante los ojos de Dios, presente en estos pasajes? Explique su respuesta de manera breve.
   b. ¿Qué importancia tienen estos pasajes en el siglo XXI?
4. Imagínese que usted es un predicador en el siglo XIX en los Estados Unidos de América:
   a. ¿Qué puntos importantes de la Carta a Filemón podrían servirle en su sermón para justificar la esclavitud a su congregación?

b. ¿Qué puntos de la Carta podrían utilizarse en un sermón en contra de la esclavitud? Anote las citas bíblicas.
c. Después de haber respondido a las preguntas a y b, ¿qué piensa sobre la manera en que la Sagrada Escritura puede ser interpretada o mal interpretada y utilizada para justificar una gran variedad de opiniones?

5. Escriba los puntos más importantes que usted ha aprendido en su estudio de las Cartas paulinas.

SUGERENCIAS ADICIONALES PARA EL ESTUDIANTE

Retos opcionales

1. Represente de manera original por medio de arte o de un poema su visión personal de Pablo, como persona y apóstol.
2. Compare y contraste las imágenes de Iglesia que encontramos en 1 Corintios 12, Romanos 12 y Efesios 4.

Sugerencia del versículo a memorizar

Así pues, si han resucitado con Cristo, busquen las cosas de arriba, donde está Cristo sentado a la diestra de Dios. Aspiren a las cosas de arriba, no a las de la tierra. Porque han muerto, y su vida está oculta con Cristo en Dios. Cuando aparezca Cristo, vida suya, entonces también ustedes aparecerán gloriosos con él (Colosenses 3,1–4; BJL).

Para que les conceda, por la riqueza de su gloria, fortalecerlos interiormente, mediante la acción de su Espíritu, que Cristo habite por la fe en sus corazones, para que, arraigados y cimentados en el amor, puedan comprender con todos los santos la anchura y la longitud, la altura y la profundidad, y conocer el amor de Cristo, que excede a todo conocimiento, y se llenen de toda la plenitud de Dios (Efesios 3,16–19; BJL).

A fin de que tu participación en la fe se haga eficiente mediante el conocimiento perfecto de todo el bien que hay en nosotros en orden a Cristo. Pues tuve gran alegría y consuelo a causa de tu caridad, por el alivio que los corazones de los santos han recibido de ti, hermano (Filemón 6–7; BJL).

Lecturas adicionales

Artículo: Matrimonio (*Diccionario bíblico*).
Catecismo de la Iglesia Católica, §172, §249 y §2414.
Brown, *Introducción al Nuevo Testamento I*, 661–62; 780–90; 805–09.
Conferencia del Episcopado Católico en los Estados Unidos de América (USCCB), *Cuando pido ayuda: una respuesta pastoral a la violencia doméstica contra la mujer,* Carta pastoral de los obispos (USCCB, Inc., 2002). Véase http://www.usccb.org/laity/helpsp.shtml.

Efesios 6,1 "Hijos, obedezcan a sus padres"

II.10
Repaso del Módulo II

Los estudiantes se responsabilizarán de:

1. Saberse de memoria un versículo, ya sea de Hechos de los Apóstoles o de alguna de las Cartas paulinas estudiados esto módulo, nombrando la traducción y citando referencias. Utilice este versículo como tema de oración durante esta semana de repaso.

2. Repase las lecturas complementarias:
   #8. "Lucas–Hechos de los Apóstoles: una visión general"
   #16. "El mundo de Pablo"
   #18. "Visión general de las Cartas de Pablo"
   #21. "Auto-examen: Hechos y Pablo–1"
   #22. "Diez efectos del acontecimiento de Cristo"
   #23. "Auto examen: Pablo–2"

2. Utilice la lectura complementaria #16 para saber donde están localizados los siguientes lugares y áreas:

Acaya	Colosas	Galacia
Antioquía en Siria	Corinto	Macedonia
Atenas	Creta	Roma
Chipre	Damasco	Tarso
Cilicia	Éfeso	Tesalónica
	Filipos	

Hechos 3,1–10 Pedro y Juan curan el hombre tullido

MÓDULO III
Jesús en la visión de los escritos joánicos

Después de estudiar este módulo, usted podrá:

1. Saber la cronología, geografía, contexto histórico, cultural y social de la Iglesia primitiva como está reflejada en los escritos joánicos.
2. Reconocer el mensaje cristiano por medio de la investigación de la estructura, temas y teología del Evangelio según Juan, las Cartas de Juan y el Libro del Apocalipsis.
3. Analizar el Evangelio de Juan utilizando el método histórico-crítico, la crítica literaria, el análisis de géneros y el análisis de la composición (también se le suele llamar crítica de la redacción).
4. Aplicar los métodos de la crítica bíblica a los escritos apocalípticos en el cristianismo para poder interpretar su significado.

Lecturas

Texto principal: *La Biblia*. Use una buena traducción con citas a pie de la página.
Otros textos: Para reforzar los conocimientos y como libros de referencia recomendamos:
Prevost, Jean-Pierre, *Para leer el Apocalipsis* (citado Apocalipsis)
Holman, *Atlas Bíblico Conciso* (al cual se le denominará: Atlas)
P. Benoit, M.-E. Boismard, J. L. Malillos, *Sinopsis de los cuatro evangelios de la Biblia de Jerusalén* (al cual se le denominará: Sinopsis)
Balaguer, Vicente, *Comprender los evangelios* (citado Balaguer)

Trabajo por escrito

Cada lección debe ser preparada antes de asistir a la clase para así poder participar en las discusiones del equipo de trabajo. De cada pasaje bíblico, estudie el texto y las citas a pie de la página, lea las lecturas asignadas y conteste por escrito el trabajo en una hoja de papel (*no en el cuaderno de trabajo*).

Lecciones de la unidad

III.1 Evangelio de Juan 1—4
III.2 Evangelio de Juan 5—12
III.3 Evangelio de Juan 13—17
III.4 Evangelio de Juan 18—21
III.5 Cartas de Juan: 1 Juan, 2 Juan, 3 Juan
III.6 Literatura apocalíptica en los evangelios sinópticos: Marcos 13, Lucas 21 y Mateo 24—25
III.7 Libro del Apocalipsis 1—3
III.8 Libro del Apocalipsis 4—14
III.9 Libro del Apocalipsis 15—22
III.10 REPASO DEL MÓDULO III

III.1
Evangelio de Juan 1–4

Después de haber estudiado esta lección, usted podrá:

1. Explicar por qué fue escrito el Evangelio de Juan.
2. Estar familiarizado con el contexto social, histórico y religioso de la comunidad joánica.
3. Describir la tensión que existe entre el cristianismo y el judaísmo después de la destrucción del templo de Jerusalén y ver al Evangelio de Juan como una respuesta a esta tensión.
4. Reconocer las características distintivas, los temas y el mensaje del Evangelio de Juan y saber en qué maneras es diferente de los Evangelios sinópticos.
5. Comprender a la persona de Jesús y la fe de los que vienen a él.

Lecturas

Evangelio según Juan 1–4
Balaguer: Páginas 160–67
Lecturas complementarias: Artículos #24 "Panorama general del Evangelio de Juan y las Cartas de Juan", #25 "Vocabulario joánico" y #26 "Los viajes de Jesús en Juan"

Estudio geográfico

Trace las actividades y viajes de Jesús en el Evangelio de Juan 1–4 en la lectura complementaria #26.
Va a notar que un número de eventos toman lugar en lugares que no son mencionados.
Al trazarlos, enfóquese en los lugares que son mencionados y las áreas generales y dirección que siguen en el viaje.

Términos importantes

El prólogo, Logos (la Palabra), encarnación, Libro de los Signos, Cordero de Dios

Trabajo por escrito

1. ¿Qué le dice el prólogo de Juan (1,1–18) con respecto a lo siguiente:
   a. La identidad de la Palabra. ¿Quién es la Palabra? Anote las citas bíblicas.
   b. La obra de la Palabra. ¿Qué hace la Palabra? Anote las citas bíblicas.
2. Localice Juan 1,35–51 en su Sinopsis de los cuatro Evangelios y responda a las siguientes preguntas:
   a. ¿Qué diferencias encuentra entre el llamado de los primeros discípulos en Juan 1,35–51 y el llamado en Marcos 1,16–20? Anote las citas bíblicas.
   b. ¿Por qué cree usted que son importantes las diferencias entre Juan y Marcos?
3. ¿Qué aprende usted sobre la identidad de Jesús en los siguientes pasajes?
   a. El relato de la boda de Caná (Juan 2,1–12). Anote las citas bíblicas.
   b. El relato de la purificación en el templo (Juan 2,13–22). Anote las citas bíblicas.
4. Tema joánico: aceptación de Jesús y la fe como respuesta

   Escoja uno de los siguientes personajes: Nicodemo, la mujer samaritana junto al pozo, o el funcionario real y conteste a las siguientes preguntas.

   a. Describa de manera breve la respuesta de fe que da esa persona a Jesús.

b. ¿Cambia de alguna manera la respuesta de fe durante el relato? Si así sucede, explique su respuesta.
c. ¿Demuestra el personaje tener una fe adecuada o inadecuada? Explique su respuesta.

5. ¿Qué pasaje de Juan 1–4 refleja mejor la manera en que usted entiende quien es Jesús? Explique porque escogió este pasaje.

SUGERENCIAS ADICIONALES PARA EL ESTUDIANTE

Retos opcionales

1. Represente el prólogo del Evangelio de Juan de manera original por medio de un poema o a manera artística.
2. ¿De qué manera utiliza el evangelista los temas de la creación en Juan 1–2? Anote las citas bíblicas.
3. ¿De qué maneras enfatiza el cuarto evangelista la subordinación de Juan el Bautista a Jesús? Anote las citas bíblicas.

Sugerencia del versículo a memorizar

Y la Palabra se hizo carne, y puso su Morada entre nosotros, y hemos contemplado su gloria, gloria que recibe del Padre como Unigénito, lleno de gracia y de verdad (Juan 1,14; BJL).

Porque tanto amó Dios al mundo que dio a su Hijo unigénito, para que todo el que crea en él no perezca, sino que tenga vida eterna (Juan 3,16; BJL).

Lecturas adicionales

Artículo: Juan evangelista, Cordero, Vida, Luz, Milagros de Jesús, Palabra (*Diccionario bíblico*).
Catecismo de la Iglesia Católica (CIC), § 219, §423, §445, §454 y §461.
Raymond E. Brown, SS, *El Evangelio según Juan*. Editorial Cristiandad, Madrid, 1979.

Juan 1,36 "He ahí el Cordero de Dios"

III.2
Evangelio de Juan 5–12

Después de haber estudiado esta lección, usted podrá:

1. Entender la relación de Jesús con las fiestas judías tal como son presentadas en el Evangelio de Juan.
2. Explicar el entendimiento de Juan sobre la humanidad y divinidad de Jesús.
3. Describir la relación entre los relatos de llamados en los Evangelios.
4. Reflexionar sobre el uso del Evangelio de Juan en el leccionario del domingo.
5. Localizar en un mapa la piscina de Betesda, el portico de Salomón, la piscina de Siloé y el Monte de los Olivos.

Lecturas

Evangelio según Juan 5–12
Balaguer: Páginas 167–76
Lecturas complementarias: Artículos #26 "Los viajes de Jesús en Juan" y #27 "El calendario judío y fiestas especiales"

Estudio geográfico

1. Continúe trazando los viajes y actividades de Jesús en Juan 5–12 en la lectura complementaria #26. Use un color diferente para cada lección del Evangelio de Juan.
2. Utilizando el mapa de la página 33 del Atlas, localice:
   a. La piscina de Betesda
   b. El pórtico de Salomón
   c. La piscina de Siloé
   d. El Monte de los Olivos

Términos importantes

Pan de Vida, "Yo Soy", Buen Pastor, Luz del Mundo y agua viva

Trabajo por escrito

1. Lea Juan 5 y proporcione por lo menos tres ejemplos de cómo el evangelista demuestra que Jesús es:
   a. Igual al Padre. Anote las citas bíblicas
   b. Sujeto al Padre. Anote las citas bíblicas.
2. Escoja una de las fiestas judías que se mencionan en Juan 6–10 y responda a lo siguiente:
   a. Utilice la lectura suplementaria #27 y haga un resumen del significado de la fiesta en sus propias palabras.
   b. Explique de qué manera, en Juan 6–10, se presenta a Jesús como el cumplimiento del significado y simbolismo de la fiesta judía que usted seleccionó. Anote las citas bíblicas.
3. Explique las razones por las cuales los judíos se molestaban mucho cuando Jesús, en Juan 8, utilizó el nombre divino "Yo soy".
4. Temas joánicos: el Pan de Vida

   ¿Cómo le ayuda el discurso del Pan de Vida en Juan 6,22–71 a profundizar la manera en que entiende la Eucaristía?

5. ¿Por qué cree usted que la Iglesia utiliza los siguientes relatos como lecturas para los domingos de escrutinios en el proceso RICA (Rito de Iniciación Cristiana para Adultos)? (para más información sobre los domingos de escrutinios, consulte en su parroquia):
   a. La mujer samaritana en el pozo (Juan 4)
   b. La curación del ciego de nacimiento (Juan 9)
   c. La resurrección de Lázaro (Juan 11)
6. Localice Juan 6,1–15 en su Sinopsis de los cuatro Evangelios y responda a las siguientes preguntas:
   a. Haga una lista de las semejanzas y diferencias que encuentre entre Juan 6, 1–15 y Lucas 9,10b–17. Anote las citas bíblicas.
   b. ¿De qué manera las diferencias reflejan las perspectivas teológicas de cada evangelista?

SUGERENCIAS ADICIONALES PARA EL ESTUDIANTE

Retos opcionales

1. Represente a Jesús de la manera en que usted lo entiende al haber estudiado el Libro de los Signos (Juan 1–12) por medio de un poema, una oración o de alguna manera artística.
2. En algunos manuscritos el relato de la mujer adúltera (Juan 7,53—8,11) aparece después de Lucas 21,38. En su opinión, ¿tendría este relato un mejor contexto en el Evangelio de Juan o el Evangelio de Lucas? Explique las razones de su respuesta.
3. ¿Cómo nos muestran Juan 5,23–30 y Juan 12,31.44–50 el carácter distintivo de la teología joánica del juicio final de Dios? Sea específico en su respuesta.

Sugerencia del versículo a memorizar

Jesús les respondió: "Ha llegado la hora de que sea glorificado el Hijo del Hombre. En verdad, en verdad les digo: si el grano de trigo no cae en tierra y muere, queda él solo; pero si muere, da mucho fruto" (Juan 12,23–24; BJL).

Lecturas adicionales

Artículos: Sábado (*Diccionario bíblico*).
Catecismo de la Iglesia Católica (CIC), §588, §728, §1355, §1384, §1391 y §1406.

Juan 11,20 Marta sale al encuentro de Jesús

III.3
Evangelio de Juan 13–17

Después de haber estudiado esta lección, usted podrá:

1. Distinguir las diferencias entre los relatos de la Última cena de Jesús en Juan y en los Evangelios sinópticos. Tome nota que Juan incluye el discurso de despedida de Jesús y el lavatorio de los pies.
2. Comprender que el discurso de despedida de Jesús en el Evangelio de Juan es una guía de vida para una comunidad cristiana.
3. Explicar el entendimiento joánico de la identidad y misión del Abogado (Paráclito).
4. Describir el ideal joánico de la comunidad cristiana y su misión en el mundo.
5. Explicar el entendimiento del cuarto evangelista sobre la relación de su comunidad con los diferentes grupos religiosos fuera de la comunidad joánica.

Lecturas

Evangelio según Juan 13–17
Balaguer: Páginas 177–79

Términos importantes

Abogado (Paráclito), discurso de despedida, el mundo

Trabajo por escrito

1. Juan no incluye el relato de la institución de la Eucaristía. Sin embargo, ¿qué aprende usted del relato de Juan sobre la Última Cena de Jesús (Juan 13) que le ayude a entender con más profundidad la liturgia eucarística? Sea específico en su respuesta.
2. Responda a las siguientes preguntas según Juan 15 y 17:
   a. ¿Cuál es la relación de la comunidad cristiana con Jesús? Anote las citas bíblicas.
   b. ¿Cuál es la misión de la comunidad cristiana? Anote las citas bíblicas.
3. Temas joánicos: el Abogado (Paráclito)

   El cuarto evangelista nos proporciona un retrato característico del Abogado que ha de venir después de que Jesús regrese al Padre. Haga un resumen de la visión joánica de la identidad y misión del Abogado tal como está descrito en Juan 14,16–18.25–26; 15,26–27 y 16,7–14.
4. Responda a alguna de las dos preguntas (a) o (b) relacionadas con el discurso de despedida de Jesús:
   a. Compare y contraste la despedida de Jesús en Juan 14–17 con algunos de los siguientes discursos de despedida que usted ya ha estudiado previamente:
      Jacob (Génesis 47,29—49,33)
      Moisés (Libro del Deuteronomio)
      Josué (Josué 22–24)
      Pablo (Hechos 20,17–38)
   b. Escriba su propio discurso de despedida dirigido a una persona específica o a un grupo. Enfatice lo que usted quiere que recuerden sobre usted, las experiencias que han compartido juntos y también las recomendaciones que usted les daría con respecto al futuro.
5. ¿Qué pasaje de Juan 13–17 tiene mayor significado para usted? ¿Por qué?

SUGERENCIAS ADICIONALES PARA EL ESTUDIANTE

Retos opcionales

1. Represente por medio de un poema o de manera artística alguna idea que se encuentre en Juan 15–17.
2. Investigue y escriba un reporte a cerca de la comunidad *Quartodeciman* (cuartodecimanismo) y como es que conservaron muchas costumbres joánicas.
3. Algunos eruditos creen que un editor diferente escribió Juan 15–17 (observe Juan 14,31 y Juan 18,1). Un contenido teológico muy importante se perdería si estos capítulos no estuvieran incluidos en el Evangelio según Juan. ¿Cuáles serían estas enseñanzas?

Sugerencia del versículo a memorizar

Yo soy la vid; ustedes son los sarmientos. El que permanece en mí y yo en él, ése da mucho fruto; porque separados de mí no pueden hacer nada (Juan 15,5; BJL).

Lecturas adicionales

Artículos: Lavamiento, Espíritu Santo, Paráclito, Verdad (*Diccionario bíblico*).
Catecismo de la Iglesia Católica, §609, §692, §1108, §1337, §2615 y §2822.
Véase http://en.wikipedia.org/wiki/Quartodecimanism sobre la controversia de la comunidad *Quartodeciman*.

Juan 13,8 Pedro dice: "No me lavarás los pies jamás"

III.4
Evangelio de Juan 18–21

Después de haber estudiado esta lección, usted podrá:

1. Explicar como el relato de la pasión en Juan reafirma los temas y la teología de su Evangelio.
2. Reconocer que la cronología de la Semana Santa de Juan es diferente a la de los Evangelios sinópticos.
3. Describir la teología joánica de la resurrección de Jesús y su relación con el Abogado/Espíritu Santo.
4. Exponer las teorías más representativas acerca de la identidad del discípulo amado.
5. Comprender la importancia de los pasajes del discípulo amado para de esta manera tener un mejor entendimiento del discípulo cristiano en Juan.

Lecturas

Evangelio según Juan 18–21
Balaguer: Páginas 180–88
Lecturas complementarias: Artículos #24 "Panorama general del Evangelio de Juan y las Cartas de Juan" y #26 "Los viajes de Jesús en Juan"

Estudio geográfico

1. Utilice el mapa de la página 33 del Atlas y trace los viajes de Jesús durante la Semana Santa.
2. Utilice la lectura complementaria #26 y trace los movimientos del Jesús resucitado en Juan 20–21.

Términos importantes

Discípulo amado

Trabajo por escrito

1. Escriba por lo menos tres características que usted ha aprendido sobre la identidad de Jesús en la descripción de su arresto en Juan 18,1–11. Anote las citas bíblicas.
2. ¿Cuál es el propósito teológico al describir que la muerte de Jesús ocurrió al mediodía en la víspera de la fiesta de la Pascua (Juan 19,14)?
3. Localice Juan 19,16–30 en su Sinopsis de los cuatro Evangelios y responda a las siguientes preguntas:
   a. ¿Qué palabras dice Jesús desde la cruz en el Evangelio de Juan?
   b. ¿Qué palabras dice Jesús desde la cruz en el Evangelio de Marcos?
   c. Explique el significado teológico de cada una de las versiones.
4. En Juan 20–21, la gente responde al Cristo resucitado de varias maneras.

   ¿A quién se parece más su respuesta personal de fe en Jesús, a la de María Magdalena, a la del discípulo amado, a la de Pedro o a la de Tomás? Explique el por qué de su elección.
5. Represente por medio de una oración, un poema o de manera artística original el tema que le haya llamado más la atención en este Evangelio.
6. Juan 21 es llamado el Epílogo por los eruditos contemporáneos y se cree que fue escrito por un autor diferente.

a. ¿Qué evidencia hay en el texto del Evangelio que lleve a los eruditos a esta conclusión? Anote las citas bíblicas.
b. ¿Cuál cree que fue la razón para que un autor posterior añadiera el capítulo 21?

Ejercicios

Utilice la lectura complementaria #24 para repasar la información básica sobre el Evangelio de Juan.

SUGERENCIAS ADICIONALES PARA EL ESTUDIANTE

Retos opcionales

1. Localice Juan 20,21–23 en su Sinopsis de los cuatro Evangelios y responda a las siguientes preguntas:
   a. ¿Qué diferencias importantes encuentra entre el relato de Juan y la versión de Hechos 2,1–4 cuando Jesús les da el Espíritu a sus discípulos? Anote las citas bíblicas de los dos relatos.
   b. ¿Qué aspectos de la misión de la Iglesia se enfatiza en cada uno de los relatos?
2. Juan 20,31 declara el propósito por el cual escribe este Evangelio. De un ejemplo de cómo ve usted que este propósito se va llevando a cabo en Juan 1–12. Ahora haga lo mismo con Juan 13–21.
3. ¿Qué aprendió a cerca del entendimiento que la comunidad joánica tenía de la Eucaristía en Juan 21?
4. ¿Qué ventajas y desventajas habría si Juan fuera la única versión que tuviéramos del Evangelio? Explique su respuesta.

Sugerencia del versículo a memorizar

Jesús realizó en presencia de los discípulos otros muchos signos que no están escritos en este libro. Estos han sido escritos para que crean que Jesús es el Cristo, el Hijo de Dios, y para que creyendo tengan vida en su nombre (Juan 20,30–31; BJL).

Lecturas adicionales

Artículos: Cedrón, Tomás, María Magdalena (*Diccionario bíblico*).
Catecismo de la Iglesia Católica, §553, §601, §730, §964, §976 y §2471.

Juan 20,19–21 Jesús se les aparece a sus discípulos

III.5
Cartas de Juan: 1 Juan, 2 Juan, 3 Juan

Después de haber estudiado esta lección, usted podrá:

1. Haberse familiarizado con la situación histórica, social, literaria y teológica que generan las Cartas de Juan.
2. Apreciar los temas relacionados con el autor de las Cartas de Juan.
3. Entender cómo es que las Cartas de Juan reflejan los temas y los puntos de controversia que llevaron a la comunidad joánica a dividirse.
4. Identificar la contribución de las Cartas de Juan en el desarrollo social y teológico del cristianismo naciente.

Lecturas

1 Juan; 2 Juan; 3 Juan

Lecturas complementarias: Articulos #24 "Panorama general del Evangelio de Juan y las Cartas de Juan", #28 "La historia de la comunidad joánica" y #29 "Auto-examen: el Evangelio de Juan y las Cartas joánicas"

Términos importantes

Anticristo

Trabajo por escrito

1. ¿Cómo confronta 1 Juan 1,5—2,6 el problema del pecado en la vida de los creyentes? Anote las citas bíblicas.
2. En 1 Juan 2,18–23, el anticristo parece ser un profeta falso.
   a. Según este pasaje, ¿es el anticristo una persona o muchas?
   b. Según este pasaje, ¿cuál es la principal (más importante) característica del anticristo?
   c. ¿Cómo se relaciona la descripción que da el autor acerca del anticristo con lo que usted ha escuchado sobre el anticristo?
3. Según 1 Juan 4:
   a. Describa la manera en que Juan habla sobre el amor. Anote las citas bíblicas.
   b. ¿Por qué el amor de Dios es la base para los otros?
   c. ¿Cómo comunicó Dios su amor divino por nosotros?
   d. Dios es amor (1 Juan 4,8.16). Proporcione dos ejemplos del Antiguo Testamento que muestren que Dios es amor. Anote las citas bíblicas.
4. ¿Por qué el autor de 2 Juan cataloga a sus oponentes como "seductores"? Anote las citas bíblicas.
5. El autor de las Cartas joánicas aconseja cómo vivir la vida cristiana.

   ¿Cómo puede usted aplicar este consejo en su propia vida, tanto en el hogar, el trabajo y la parroquia? Sea específico en su respuesta.

Ejercicio

Responda al auto-examen de la lectura complementaria #29.

SUGERENCIAS ADICIONALES PARA EL ESTUDIANTE

Retos opcionales

1. 1 Juan 1,5 afirma que Dios es luz y 1 Juan 4,8 afirma que Dios es amor. Entre estas dos analogías, ¿cuál le ayuda más en su propio entendimiento de Dios y con el mensaje que usted espera compartir con otros?
2. Imagínese que usted es el autor de 3 Juan. ¿Qué otras cosas le diría a Gayo cara a cara? Sea específico en su respuesta.

Sugerencia del versículo a memorizar

Queridos, amémonos unos a otros, porque el amor es de Dios, y todo el que ama ha nacido de Dios y conoce a Dios (1 Juan 4,7; BJL).

Y nosotros hemos conocido y hemos creído en el amor que Dios nos tiene. Dios es Amor: y el que permanece en el amor permanece en Dios y Dios en él (1 Juan 4,16; BJL).

Lecturas adicionales

Artículos: Cartas de Juan (*Diccionario bíblico*).

Catecismo de la Iglesia Católica, §214, §217, §425, §463, §1781 y §2470.

Papa Benedicto XVI, "Dios es Amor". Véase http://www.vatican.va/holy_father/benedict_xvi/encyclicals/documents/hf_ben-xvi_enc_20051225_deus-caritas-est_sp.html.

Juan 4,7 "Queridos, amémonos unos a otros, porque el amor es de Dios"

III.6 Literatura apocalíptica en los evangelios sinópticos: Marcos 13, Lucas 21 y Mateo 24–25

Después de haber estudiado esta lección, usted podrá:

1. Entender la literatura apocalíptica, sus características, su relación con el judaísmo y el Antiguo Testamento y las situaciones que le dieron origen.
2. Comprender como algunos cristianos en las comunidades del siglo I vincularon la destrucción del templo de Jerusalén por los romanos en el año 70 d.C. con el fin del mundo.
3. Entender que el material apocalíptico no puede predecir el fin del mundo sino que describe como Dios va a triunfar sobre el mal.
4. Distinguir las diferencias entre escatología y el género apocalíptico.
5. Analizar los pasajes apocalípticos en los Evangelios sinópticos.

Lecturas

Marcos 13; Lucas 21; Mateo 24–25
Apocalipsis: Páginas 5–9
Lecturas complementarias: Articulo #30 "La literatura apocalíptica como un drama de la imaginación"

Términos importantes

Género apocalíptico, escatología, destrucción del templo de Jerusalén

Trabajo por escrito

1. Responda a las siguientes preguntas haciendo una tabla que contenga una columna para cada uno de los Evangelios sinópticos. De respuestas breves y no cite todo el texto.
   a. ¿Con quién está hablando Jesús? Anote las citas bíblicas.
   b. ¿En dónde habla Jesús? Anote las citas bíblicas.
   c. ¿Qué preguntas le hacen a Jesús? Anote las citas bíblicas.
   d. ¿Qué signos (señales) preceden a la destrucción del templo de Jerusalén? Anote las citas bíblicas.
   e. ¿Cuándo vendrá el Hijo del Hombre? Anote las citas bíblicas.
   f. ¿Qué signos (señales) anteceden a la venida del Hijo del Hombre? Anote las citas bíblicas.
   g. ¿Cómo sugiere cada uno de los evangelistas que utilicemos nuestro tiempo hasta que el fin de los tiempos llegue? Anote las citas bíblicas.
2. ¿De qué manera los evangelistas dan esperanza a sus comunidades al incluir estos pasajes en sus Evangelios? Sea específico en su respuesta.
3. ¿Qué mensaje de cada uno de los evangelistas es el más importante para usted? ¿Por qué escogió estos mensajes? Sea específico en su respuesta.
4. Estos pasajes apocalípticos en los Evangelios usan imágenes espectaculares para representar a un Dios que va a triunfar sobre el mal. Escriba un párrafo describiendo la manera en la cual usted piensa que Dios va a triunfar sobre el mal.

5. Muchos judíos y cristianos del siglo I sintieron que la destrucción el final del templo sería el fin del mundo. ¿Qué acontecimiento le haría pensar a usted hoy en día que es el fin del mundo?

SUGERENCIAS ADICIONALES PARA EL ESTUDIANTE

Retos opcionales

1. ¿Cómo nos muestran las parábolas adicionales de Mateo 25 el entendimiento que el evangelista tenía acerca de la norma o los estándares de conducta para la humanidad? Sea específico en su respuesta.
2. Represente de manera artística original algo que describa las imágenes apocalípticas utilizadas en Marcos 13, Lucas 21 y Mateo 24–25.

Sugerencia del versículo a memorizar

Cuando empiecen a suceder estas cosas, cobren ánimo y levanten la cabeza porque se acerca su liberación (Lucas 21,28; BJL).

Lecturas adicionales

Artículos: Literatura apocalíptica, Escatología (*Diccionario bíblico*).
Catecismo de la Iglesia Católica, §673–75 y §769.
Élian, Cuvillier, *Los apocalipsis del Nuevo Testamento*, Editorial Verbo Divino, Estella (Navarra), 2002.

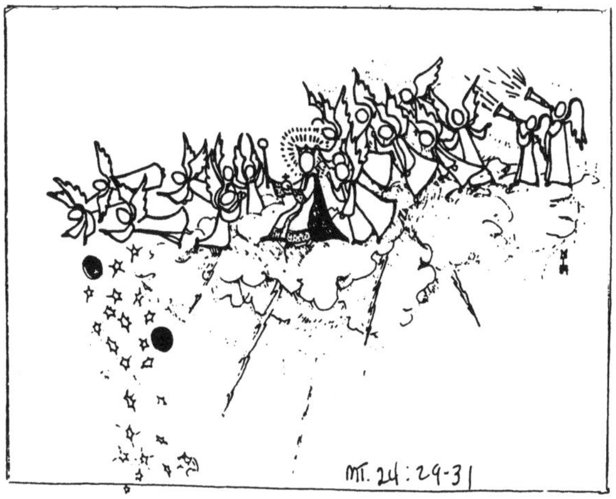

Mateo 24,29–31 Verán al Hijo del hombre venir sobre las nubes del cielo

III.7
Libro del Apocalipsis 1–3

Después de haber estudiado esta lección, usted podrá:

1. Explicar la situación social, histórica, geográfica y religiosa de la comunidad para la cual el Libro del Apocalipsis fue escrito.
2. Conocer la identidad del autor del Libro del Apocalipsis.
3. Reconocer que el Libro del Apocalipsis es un ejemplo primordial de la literatura apocalíptica en la Biblia.
4. Describir la estructura general del Libro del Apocalipsis y en particular los capítulos 1–3.
5. Reconocer los elementos proféticos presentes en el Libro del Apocalipsis, especialmente en las Cartas a las sietes iglesias.
6. Reconocer el propósito y el contenido de las Cartas a las siete iglesias e identificar su situación particular.
7. Localizar en un mapa Patmos, Éfeso, Esmirna, Pérgamo, Tiatira, Sardes, Filadelfia y Laodicea.

Lecturas

Libro del Apocalipsis 1–3
Apocalipsis: Páginas 13–87
Lecturas complementarias: Articulo #31 "Visión general de la literatura apocalíptica y el Libro del Apocalipsis"

Estudio geográfico

Utilizando el mapa de la página 40 del Atlas, localice Patmos, Éfeso, Esmirna, Pérgamo, Tiatira, Sardes, Filadelfia y Laodicea.

Términos importantes

Apocalipsis, Alfa y Omega, llave de David, ángel, Satanás

Trabajo por escrito

1. Apocalipsis 1,1–8 sirve como introducción al Libro del Apocalipsis. Según este pasaje:
   a. ¿Qué tipo de libro es el que está escribiendo el autor?
   b. ¿De qué manera se manifiesta esta revelación de Dios a las siete iglesias?
   c. ¿Cuál es el propósito de este libro?
2. Temas del Apocalipsis: la identidad de Dios y la identidad de Jesucristo
   Lea Apocalipsis 1–3 y responda a las siguientes preguntas:
   a. Describa el retrato de Dios que es dado por el autor.
   b. Describa el retrato de Jesucristo que nos da el autor. (**Pista**: puede utilizar su libro de texto *Para leer el Apocalipsis*).
3. Escoja una de las Cartas dirigidas a las siete iglesias que se encuentran en Apocalipsis 2–3 y responda a las siguientes preguntas en base a su lectura de la Carta que escogió:
   a. ¿Cómo se describe a Cristo en esta Carta?
   b. ¿Qué se elogia de esta iglesia?
   c. ¿Qué se le reprocha a esta iglesia?
   d. ¿Qué recompensa se le promete a esta iglesia?

4. En base a las descripciones de las siete iglesias en Apocalipsis 2–3:
   a. ¿Cuál de estas iglesias le recuerda más a su comunidad parroquial? ¿Por qué?
   b. ¿Cuál de estas iglesias le recuerda más la forma en que usted responde desde la fe? ¿Por qué?
5. ¿Qué es lo más importante que usted ha aprendido, hasta este momento, a cerca de la literatura apocalíptica o del Libro del Apocalipsis?

SUGERENCIAS ADICIONALES PARA EL ESTUDIANTE

Retos opcionales

1. Escriba una Carta a su parroquia y use el mismo formato que usó el autor en sus Cartas a las siete iglesias en Apocalipsis 2–3.
2. Represente de manera artística original o por medio de una oración el retrato de Dios o Jesucristo que se encuentra en Apocalipsis 1–3.

Sugerencia del versículo a memorizar

Dichoso el que lea y los que escuchen las palabras de esta profecía y guarden lo escrito en ella, porque el Tiempo está cerca (Apocalipsis 1,3; BJL).

Conozco tu conducta: no eres ni frío ni caliente. ¡Ojalá fueras frío o caliente! Ahora bien, puesto que eres tibio, y no frío ni caliente, voy a vomitarte de mi boca. Tú dices: "Soy rico; me he enriquecido; nada me falta". Y no te das cuenta de que eres un desgraciado, digno de compasión, pobre, ciego y desnudo (Apocalipsis 3,15–17; BJL).

Lecturas adicionales

Artículos: apocalipsis (*Diccionario bíblico*).
Catecismo de la Iglesia Católica, §625, §1025, §1065 y §2159.
Elisabeth, Schüssler Fiorenza, *Apocalipsis: Visión de un mundo justo*, Editorial Verbo Divino, Estella (Navarra), 1997.

Apocalipsis 2,7 Le daré a comer del árbol de la vida

III.8
Libro del Apocalipsis 4–14

Después de haber estudiado esta lección, usted podrá:

1. Entender la teología del Libro del Apocalipsis: quien es Dios y la relación entre Dios y nuestro mundo, particularmente en términos de la obra salvadora de Dios.
2. Valorar el Libro del Apocalipsis por el mensaje que tenía para su audiencia original.
3. Reconocer como el autor relaciona la experiencia de su tiempo con la del Libro del Éxodo y otros eventos de la historia de la salvación.
4. Entender la importancia de las imágenes y los símbolos del Antiguo Testamento que se utilizan en el Libro del Apocalipsis.

Lecturas

Libro del Apocalipsis 4–14
Apocalipsis: Páginas 89–112

Estudio geográfico

1. Utilizando el mapa de la página 16 del Atlas, repase la ubicación de los primeros asentamientos en la tierra prometida por las doce tribus de Israel.
2. ¿Qué diferencias encuentra usted entre las de la lista de tribus que aparecen en Apocalipsis 7,4–8 y las tribus enlistadas en el Atlas?

Términos importantes

Cordero degollado

Trabajo por escrito

1. Temas del Apocalipsis: el poder y el juicio de Dios

   Haga un resumen de lo que ha aprendido a cerca de la visión apocalíptica del poder de Dios y el juicio en su lectura de Apocalipsis 6 y 8. Anote las citas bíblicas.
2. ¿Qué eventos del Libro del Éxodo usa el autor de Apocalipsis en los siguientes pasajes? Anote las citas bíblicas del Libro del Éxodo.
   a. Apocalipsis 4,5 y 11,19
   b. Apocalipsis 5,10
   c. Apocalipsis 7,3
   d. Apocalipsis 8,7–11 y 9,2–6
   e. Apocalipsis 12,14
3. En base a su lectura de Apocalipsis 12,1–8.13–17:
   a. ¿Qué dice el texto bíblico sobre la mujer? Anote las citas bíblicas.
   b. ¿A quien podría representar la mujer? ¿Por qué?
4. ¿Qué enemigos de la comunidad cristiana están simbólicamente representados en Apocalipsis 12,1—13,18?
5. ¿Cómo reconciliaría usted, que trata de vivir un estilo de vida cristiana hoy en día, el grito del mártir que pide venganza en Apocalipsis 6,10 con el consejo que da Jesús en Lucas 6,27?

SUGERENCIAS ADICIONALES PARA EL ESTUDIANTE

Retos opcionales

1. Seleccione un evento o crisis mundial que haya ocurrido desde 1900 hasta hoy en la actualidad y descríbalo utilizando lenguaje simbólico. Léala a su grupo de estudio para que descifren el mensaje de su composición.
2. ¿Qué momentos históricos del tiempo de la conquista de Jerusalén por Antíoco IV Epífanes (175–163 a.C.) contribuyen al simbolismo utilizado por el autor en Apocalipsis 11?
3. Represente de manera artística, por medio de un poema o una oración original lo que usted considere es el pasaje más importante de Apocalipsis 4–14.

Sugerencia del versículo a memorizar

Y en la visión oí la voz de una multitud de ángeles alrededor del trono, de los Vivientes y de los Ancianos. Su número era miriadas de miriadas y millares de millares, y decían con fuerte voz: "Digno es el Cordero degollado de recibir el poder, la riqueza, la sabiduría, la fuerza, el honor, la gloria y la alabanza" (Apocalipsis 5,11–12; BJL).

Lecturas adicionales

Artículos: Antíoco Epifanes y Manuscritos bíblicos (*Diccionario bíblico*).
Catecismo de la Iglesia Católica, § 1402–05 y §2853–54.
Yves, Saqût, *¡No escribí el Apocalipsis para asustaros!*, Ediciones Mensajero, Bilbao (Vizcaya), 2002.

Apocalipsis 12,1 Una Mujer vestida del sol

III.9
Libro del Apocalipsis 15–22

Después de haber estudiado esta lección, usted podrá:

1. Interpretar los símbolos del Antiguo Testamento que están presentes en el Libro del Apocalipsis.
2. Describir la relación entre la teología del Libro del Apocalipsis y las tensiones sociales de la comunidad cristiana del siglo I.
3. Observar que la relación de Dios con nosotros es una clave importante para la interpretación del Libro del Apocalipsis.
4. Reconocer que el Libro del Apocalipsis presenta a Dios como vencedor de todo mal.
5. Estar consiente que el autor del Libro del Apocalipsis desea dar un mensaje de esperanza a la comunidad cristiana.
6. Hacer un resumen de la imagen tanto de Dios como de Jesucristo tal y como la presenta el Libro del Apocalipsis.
7. Entender que el mensaje y la teología del Libro del Apocalipsis pueden ser interpretados correctamente solo relacionándolos con toda la Biblia.

Lecturas

Libro del Apocalipsis 15–22
Apocalipsis: Páginas 115–24
Lecturas complementarias: Articulo #32 "Auto-examen: el Libro del Apocalipsis"

Estudio geográfico

Utilizando el mapa de las páginas 24 y 25 del Atlas, repase la ubicación de Babilonia y Roma.

Términos importantes

Babilonia, Nueva Jerusalén

Trabajo por escrito

1. En base a su lectura de Apocalipsis 17–18 y su conocimiento del éxodo y del destierro, ¿por qué cree usted que es importante para el autor representar a Roma como si fuera Babilonia?
2. En base a su lectura de Apocalipsis 19,11–16:
   a. ¿Quién es Jesús?
   b. ¿Cuáles son las obras que hace Jesús?
3. a. Compare y contraste el relato del juicio final en Apocalipsis 20,11–15 con el de Mateo 25,31–46.
   b. Exponga brevemente lo que usted entiende es el mensaje principal de cada versión.
4. La Biblia empieza y termina con las visiones del paraíso. ¿Qué pasajes en Apocalipsis 22 son semejantes al relato del Jardín del Edén en Génesis? Anote las citas bíblicas de ambos libros.
5. Temas del Apocalipsis: la esperanza cristiana
   Elija una de las dos preguntas (a o b) y de su respuesta:
   a. Se cree muy comúnmente que el Libro del Apocalipsis es una cuenta regresiva hasta llegar al día del juicio final, y de esta manera despierta temor y ansiedad en el lector. En base a su estudio de Apocalipsis, ¿qué explicación puede dar para argumentar que este libro fue realmente escrito para fortalecer la esperanza cristiana? Anote las citas bíblicas.

b. Escriba su propia obra apocalíptica donde usted de aliento y esperanza a los cristianos que están tratando de vivir su fe en el mundo de hoy.
6. Ahora que ha terminado de estudiar el Libro del Apocalipsis:
   a. Escriba sus impresiones sobre este libro.
   b. ¿Su opinión sobre este libro es diferente ahora que lo ha estudiado de la que tenía antes? Explique su respuesta.
   c. ¿Por qué cree usted que el Libro del Apocalipsis es muy popular entre algunos grupos dentro del cristianismo hoy en día?

Ejercicio

Responda al auto-examen de la lectura suplementaria #32.

SUGERENCIAS ADICIONALES PARA EL ESTUDIANTE

Retos opcionales

1. Escriba un breve relato apocalíptico sobre la caída de un país considerado como potencia dominante en el siglo XX o siglo XXI desde el punto de vista de las victimas. Recuerde que debe codificar su mensaje por medio de imágenes simbólicas.
2. ¿Por qué parece que el autor de Apocalipsis está más preocupado con la justicia que con el amor cristiano? Sea específico en su respuesta.
3. a. ¿Qué cosas afirman el ángel, Jesús y el autor en Apocalipsis 22,6–20?
   b. ¿Cuál es la importancia de estas afirmaciones?
4. ¿Qué aprendió usted sobre lo que significa ser discípulo mediante la lectura de las siete bienaventuranzas que se encuentran en Apocalipsis 1,3; 14,13; 16,15; 19,9; 20,6; 22,7 y 22,14?
5. Juan quiere que su último capítulo le recuerde al lector el primer capítulo para dar un sentido de conclusión. ¿Qué temas y frases encuentra que tengan algo en común en el primer y en el último capítulo del Libro del Apocalipsis? Anote las citas bíblicas.

Sugerencia del versículo a memorizar

Y oí una fuerte voz que decía desde el trono: "Ésta es la morada de Dios con los hombres. Pondrá su morada entre ellos y ellos serán su pueblo y él, Dios-con-ellos, será su Dios. Y enjugará toda lágrima de sus ojos, y no habrá ya muerte ni habrá llanto, ni gritos ni fatigas, porque el mundo viejo ha pasado" (Apocalipsis 21,3–4a; BJL).

Lecturas adicionales

Artículos: Éxodo, Milenio (*Diccionario bíblico*).

Catecismo de la Iglesia Católica, § 675–79, §1029 y §1038–50

Apocalipsis 19,17 Un ángel de pie sobre el sol

III.10
Repaso del Módulo III

Los estudiantes serán responsables de:

1. Saberse un versículo de memoria, ya sea del Evangelio según Juan, de las Cartas joánicas o del Libro del Apocalipsis.
   Nombre la traducción utilizada y anote la cita bíblica.
   Utilice este versículo como tema de oración durante esta semana de repaso.

2. Repase las lecturas complementarias:
   #24 Panorama general del Evangelio de Juan y las Cartas de Juan
   #29 Auto-examen: el Evangelio de Juan y las Cartas joánicas
   #31 Visión general de la literatura apocalíptica y Libro del Apocalipsis
   #32 Auto-examen: el Libro del Apocalipsis

3. Geografía: saber donde están localizados los siguientes lugares y áreas en un mapa:
   Betania
   Betsaida
   Caná
   Capernaún
   Mar Muerto
   Galilea
   Judea
   Samaria
   Mar de Tiberias (el nombre que da Juan al mar de Galilea)
   Sicar

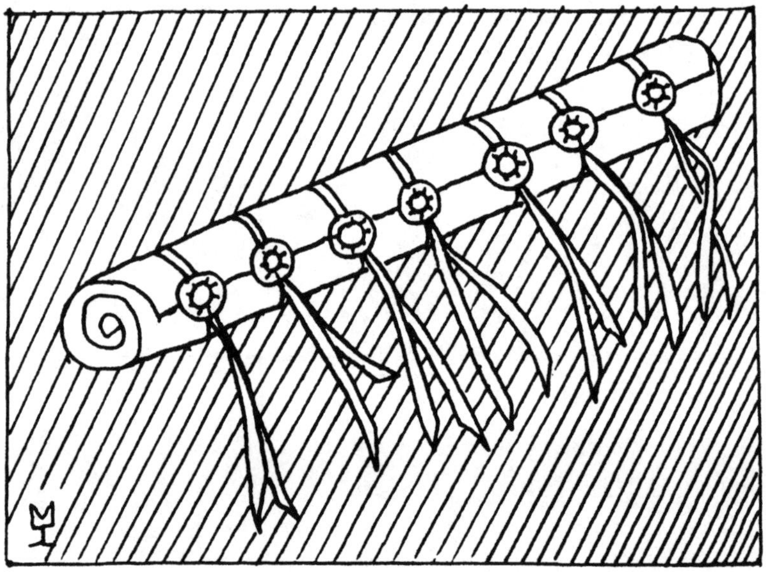

Apocalipsis 5,1 Un libro sellado con siete sellos

Manifieste su aprecio a los miembros de su grupo de estudio

1. Seleccione el nombre de una persona de su grupo de estudio.
2. Asegúrese de que cada persona del grupo haya elegido un nombre. Favor de contactar a las personas ausentes.
3. Escriba un breve testimonio sobre el don que ha traído la presencia de esa persona al grupo durante el año. Quizá el mensaje de Pablo a los Efesios (4,25–32, en parte) le pueda servir como guía para formular su testimonio:

   Por tanto, desechando la mentira, hablad con verdad cada cual con su prójimo, pues somos miembros los unos de los otros...No salga de vuestra boca palabra dañosa, sino la que sea conveniente para edificar según la necesidad y hacer el bien a los que os escuchen...Sed más bien buenos entre vosotros, entrañables, perdonándoos mutuamente como os perdonó Dios en Cristo.

4. La siguiente semana lleve a clase su testimonio y compártalo con el grupo. Después de haberlo compartido con el grupo, entrégueselo a la persona sobre la cual usted escribió.

Ya que el próximo año usted va a estar en un grupo diferente, este es el momento para reflexionar y comprender como durante este año su jornada de fe se ha visto enriquecida gracias a su estudio personal y al trabajar semana tras semana en conjunto con su grupo. Guarde en su corazón las palabras del episcopado americano en su carta sobre la evangelización: *Vayan y Hagan Discípulos* (1992):

> *La conversión es el cambio de nuestra vida la cual se hace realidad a través del poder del Espíritu Santo. Todos aquellos que aceptamos el Evangelio sufrimos cambios a medida que nos revestimos con la mente de Cristo al rechazar el pecado y nos convertimos en más fieles discípulos en su Iglesia. Si no experimentamos conversión, no hemos aceptado realmente el Evangelio.*

Lecturas complementarias

En esta sección usted encontrará las lecturas sugeridas para utilizarse al contestar las preguntas de tarea. El índice temático que se encuentra a continuación muestra las lecturas y en que tarea se utilizarán.

1. La verdad y sus múltiples expresiones
2. Las tres etapas de la redacción de los evangelios (Vaticano II)
3. La formación de los evangelios: los evangelios sinópticos y sus fuentes
4. Analizar los evangelios sinópticos: Marcos y su audiencia
5. Visión general del Evangelio de Marcos
6. Los viajes de Jesús en Marcos
7. Auto-examen: el Evangelio de Marcos
8. Lucas–Hechos de los Apóstoles: una visión general
9. Como leer las historias de la natividad de Jesús
10. Los viajes en los relatos de la infancia
11. Los pasajes *L*
12. Material usualmente atribuido a *Q*
13. Los viajes de Jesús en Lucas
14. Auto-examen: el Evangelio de Lucas
15. Esquema de la cronología de la vida de Pablo
16. El mundo de Pablo
17. ¿Cuándo ocurrirá el rapto?: lo que enseña la Iglesia católica
18. Visión general de las Cartas de Pablo
19. Las asambleas y la Eucaristía

20. Ustedes son el Cuerpo de Cristo: antropología cristiana según Pablo

21. Auto-examen: Hechos y Pablo–1

22. Diez efectos del acontecimiento de Cristo

23. Auto-examen: Pablo–2

24. Panorama general del Evangelio de Juan y las Cartas de Juan

25. Vocabulario joánico

26. Los viajes de Jesús en Juan

27. El calendario judío y fiestas especiales

28. La historia de la comunidad joánica

29. Auto-examen: el Evangelio de Juan y las Cartas joánicas

30. La literatura apocalíptica como un drama de la imaginación

31. Visión general de la literatura apocalíptica y el Libro del Apocalipsis

32. Auto-examen: el Libro del Apocalipsis

#1.
La verdad y sus múltiples expresiones

La interpretación de la Sagrada Escritura según el Concilio Vaticano II: Extractos de La Constitución Dogmática Sobre la Divina Revelación (*Dei Verbum*)

CAPÍTULO 2: TRANSMISIÓN DE LA DIVINA REVELACIÓN

§10. La Sagrada Tradición, pues, y la Sagrada Escritura constituyen un solo depósito sagrado de la palabra de Dios, confiado a la Iglesia; fiel a este depósito todo el pueblo santo, unido con sus pastores en la doctrina de los Apóstoles y en la comunión, persevera constantemente en la fracción del pan y en la oración (cf. Act 8,42), de suerte que prelados y fieles colaboran estrechamente en la conservación, en el ejercicio y en la profesión de la fe recibida.

Pero el oficio de interpretar auténticamente la palabra de Dios escrita o transmitida ha sido confiado únicamente al Magisterio vivo de la Iglesia, cuya autoridad se ejerce en el nombre de Jesucristo. Este Magisterio, evidentemente, no está sobre la palabra de Dios, sino que la sirve, enseñando solamente lo que le ha sido confiado, por mandato divino y con la asistencia del Espíritu Santo la oye con piedad, la guarda con exactitud y la expone con fidelidad, y de este único depósito de la fe saca todo lo que propone como verdad revelada por Dios que se ha de creer. Es evidente, por tanto, que la Sagrada Tradición, la Sagrada Escritura y el Magisterio de la Iglesia, según el designio sapientísimo de Dios, están entrelazados y unidos de tal forma que no tiene consistencia el uno sin el otro, y que, juntos, cada uno a su modo, bajo la acción del Espíritu Santo, contribuyen eficazmente a la salvación de las almas.

CAPÍTULO 3: INSPIRACIÓN DIVINA DE LA SAGRADA ESCRITURA Y SU INTERPRETACIÓN

§11. Las verdades reveladas por Dios, que se contienen y manifiestan en la Sagrada Escritura, se consignaron por inspiración del Espíritu Santo. La santa Madre Iglesia, según la fe apostólica, tiene por santos y canónicos los libros enteros del Antiguo y Nuevo Testamento con todas sus partes, porque, escritos bajo la inspiración del Espíritu Santo, tienen a Dios como autor y como tales se le han entregado a la misma Iglesia. Pero en la redacción de los libros sagrados, Dios eligió a hombres, que utilizó usando de sus propias facultades y medios, de forma que obrando El en ellos y por ellos, escribieron, como verdaderos autores, todo y sólo lo que El quería.

Pues, como todo lo que los autores inspirados o hagiógrafos afirman, debe tenerse como afirmado por el Espíritu Santo, hay que confesar que los libros de la Escritura enseñan firmemente, con fidelidad y sin error, la verdad que Dios quiso consignar en las sagradas letras que nuestra salvación. Así, pues, "toda la Escritura es divinamente inspirada y útil para enseñar, para argüir, para corregir, para educar en la justicia, a fin de que el hombre de Dios sea perfecto y equipado para toda obra buena" (2 Tim 3,16–17).

§12. Habiendo, pues, hablado Dios en la Sagrada Escritura por hombres y a la manera humana, para que el intérprete de la Sagrada Escritura comprenda lo que El quiso comunicarnos, debe investigar con atención **lo que pretendieron expresar** realmente los hagiógrafos **y plugo a Dios manifestar con las palabras de ellos**.

Para descubrir la intención de los hagiógrafos, entre otras cosas hay que atender a **los géneros literarios**. Puesto que la verdad se propone y se expresa de maneras diversas en los textos de diverso género: histórico, profético, poético o en otros géneros literarios. Conviene, además, que el intérprete investigue **el sentido** que intentó expresar y expresó el hagiógrafo en cada circunstancia según la condición de su tiempo y de su cultura, según los géneros literarios usados en su época.

Pues para entender rectamente lo que el autor sagrado quiso afirmar en sus escritos, hay que atender cuidadosamente tanto a **las formas nativas usadas de pensar, de hablar o de narrar** vigentes en los tiempos del hagiógrafo, **como a las que en aquella época solían usarse** en el trato mutuo de los hombres.

Y cómo la Sagrada Escritura "hay que leerla e interpretarla con el mismo Espíritu con que se escribió para sacar el sentido exacto de los textos sagrados", hay que atender no menos diligentemente al contenido y a la unidad de toda la Sagrada Escritura, teniendo en cuanta la Tradición viva de toda la Iglesia y la analogía de la fe.

Es deber de los exegetas trabajar según estas reglas para entender y exponer totalmente el sentido de la Sagrada Escritura, para que, como en un estudio previo, vaya madurando el juicio de la Iglesia. Porque todo lo que se refiere a la interpretación de la Sagrada Escritura, está sometido en última instancia a la Iglesia, que tiene el mandato y el ministerio divino de conservar y de interpretar la palabra de Dios.

APLICACIÓN PARA NUESTRA PROPIS EXÉGESIS BÍBLICA

La meta del estudio de la Sagrada Escritura es entender su **propósito**, lo cual requiere que ubiquemos el texto dentro de su propio contexto, para de esta manera ir más allá de los simples hechos y saber ante todo su significado.

El primer paso de la exégesis bíblica reconoce el **contexto literario**. Debemos de aprender a leer los textos usando los mejores métodos de interpretación literaria y así evitar confusiones, de manera muy particular, con los diferentes estilos literarios.

El segundo paso es reconocer el **contexto histórico**. Debemos de aprender a interpretar los textos en su propio tiempo histórico y reconocer las situaciones específicas en que fueron redactados. El tercer paso es reconocer el **contexto social (cultural) y retórico**. Debemos de aprender a reconocer la situación cultural de la cual salieron los textos y cómo ellos fueron una respuesta que va de acuerdo con las necesidades de comunicación de la audiencia original.

Todos estos métodos deben de utilizarse para tener un entendimiento más completo del significado del texto (exégesis). Sin embargo, después de haber hecho la exégesis, debemos de hacer la **aplicación** de este significado a nuestra propia situación hoy en día. Esta aplicación es crucial y puede hacerse bien si se considera a fondo lo que el texto significaba para la iglesia naciente y la tradición viva de la comunidad de fe de la Iglesia. También debemos de examinar muy cuidadosamente nuestras propias suposiciones al buscar la aplicación del texto.

#2.
Las tres etapas de la redacción de los Evangelios (Vaticano II)

PRIMERA ETAPA: EL EVANGELIO VIVO
La Iglesia firme y constantemente ha creído y cree que los cuatro referidos Evangelios, cuya historicidad afirma sin vacilar, comunican fielmente lo que Jesús Hijo de Dios, viviendo entre los hombres, hizo y enseñó realmente para la salvación de ellos, hasta el día que fue levantado al cielo (cf. Hechos 1,1–2).

Primera etapa

SEGUNDA ETAPA: EVANGELIO TRANSMITIDO ORALMENTE
Los Apóstoles, ciertamente, después de la ascensión del Señor, predicaron a sus oyentes lo que El había dicho y obrado, con aquella crecida inteligencia de que ellos gozaban, amaestrados por los acontecimientos gloriosos de Cristo y por la luz del Espíritu de verdad.

Segunda etapa

TERCERA ETAPA: EVANELIOS ESCRITOS
Los autores sagrados escribieron los cuatro Evangelios escogiendo algunas cosas de las muchas que ya se trasmitían de palabra o por escrito, sintetizando otras, o explicándolas atendiendo a la condición de las Iglesias, reteniendo por fin la forma de proclamación de manera que siempre nos comunicaban la verdad sincera acerca de Jesús. Escribieron, pues, sacándolo ya de su memoria o recuerdos, ya del testimonio de quienes "desde el principio fueron testigos oculares y ministros de la palabra" para que conozcamos "la verdad" de las palabras que nos enseñan (cf. Lucas 1,2–4).

—tomado de la Constitución Dogmática de la Divina Revelación (*Dei Verbum*), §19

Tercera etapa

Siempre debemos de recordar estas etapas de la redacción de los evangelios para poder interpretarlos correctamente. Si entendemos lo que está descrito arriba a cerca del proceso de redacción, nunca caeremos en la confusión de confundir los evangelios con testimonios de testigos o registros de gente que haya escuchado las historias de la vida y palabras de Jesús. Los evangelios son proclamaciones narradas de la buena nueva para nuestra salvación—el evangelio cristiano proclama que Jesús de Nazaret vivió, sufrió, murió y resucitó de entre los muertos y es sin lugar a dudas nuestra salvación. Esta verdad es el factor constante en cada proclamación cristiana genuina de los evangelios sin importar la forma en que se presente este mensaje, ya sea por medio del ejemplo vivo, la predicación oral, o los textos escritos.

No

Mary E. Ingenthron

#3.
La formación de los Evangelios: los Evangelios sinópticos y sus fuentes

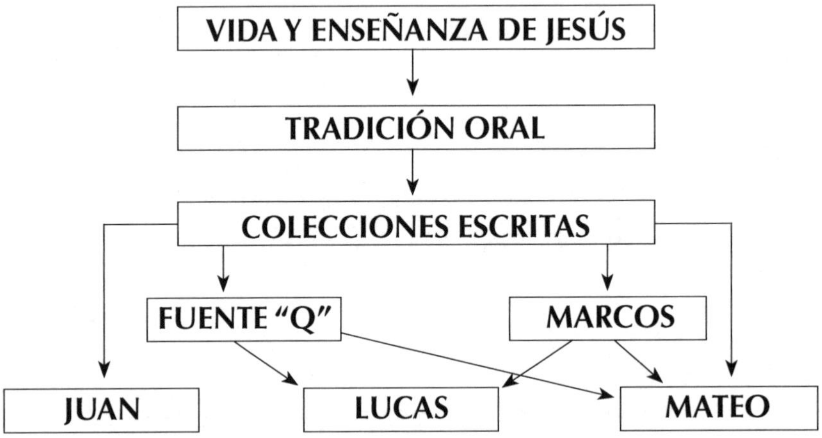

Los Evangelios de Marcos, Mateo y Lucas se les llaman sinópticos porque fácilmente pueden verse y compararse juntos en columnas paralelas. De hecho, hay ciertos pasajes que son muy similares y se puede apreciar claramente que el autor de un Evangelio copió del otro. La mayoría de los especialistas aceptan la prioridad de Marcos, lo cual significa que Marcos escribió primero el Evangelio y que ambos, Mateo y Lucas, usaron independientemente a Marcos como una de sus fuentes. El material *Q* (Quelle el cual significa "fuente") se refiere a lo que Mateo y Lucas tienen en común pero que no está en Marcos (por ejemplo, el Padrenuestro), mientras que la designación *M* y *L* se refiere respectivamente a lo que Mateo y Lucas tienen que está únicamente en sus Evangelios.

Para más información acerca del problema sinóptico lea la introducción a los Evangelios sinópticos en su Biblia. Las tablas que están abajo visualmente representan la dependencia de Mateo y Lucas en Marcos.

EVANGELIO DE MARCOS (661 versículos)

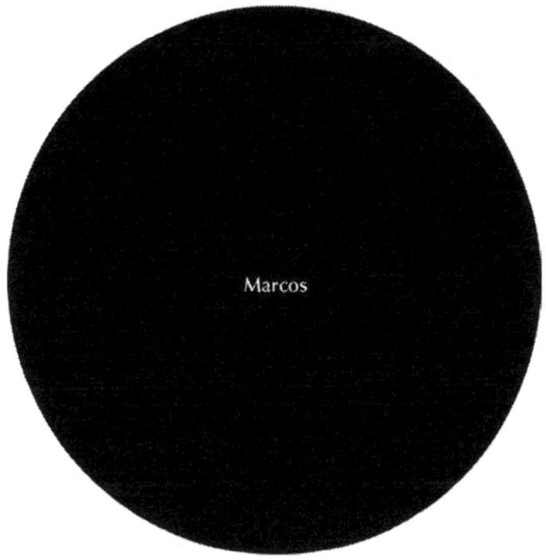

EVANGELIO DE MATEO (1.068 versículos)

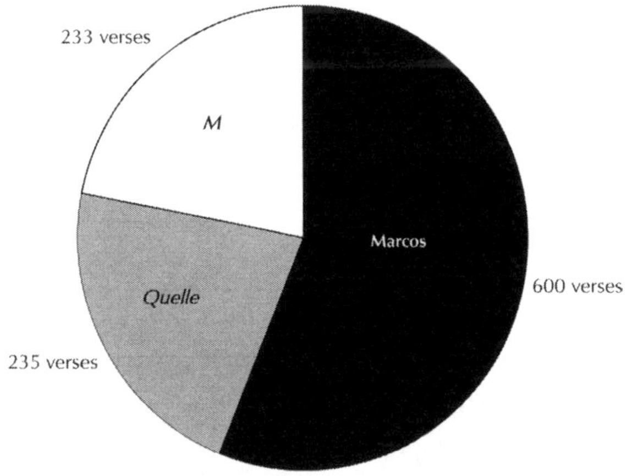

EVANGELIO DE LUCAS (1.150 versículos)

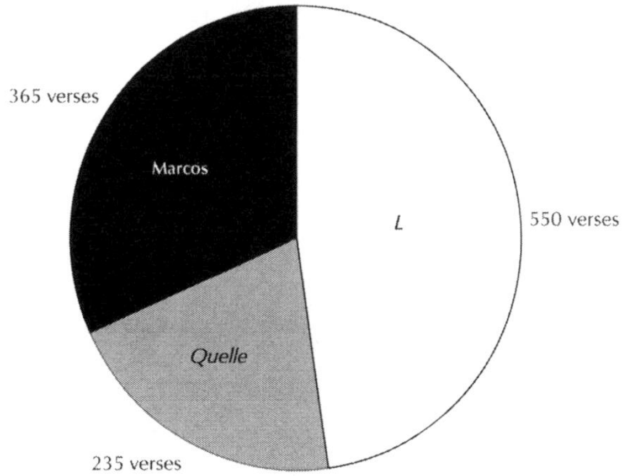

#4. Analizar los Evangelios sinópticos: Marcos y su audiencia

Steve Mueller, Ph.D.

Muchos de nosotros llevamos en mente una extraña versión de los Evangelios. Debido a que hemos estado expuestos a cuatro diferentes Evangelios, los vemos todos como un conjunto. Sin embargo, los lectores cuidadosos de la Escritura siempre han descubierto, que los Evangelios son frecuentemente muy difíciles y a veces imposibles de armonizar. Cada Evangelio da forma a un retrato único de quien es Jesús y lo que significó su vida, muerte y resurrección para sus seguidores. Desde hace tiempo los eruditos han reconocido que tres de los Evangelios—Mateo, Marcos y Lucas—tienen un parecido muy notable tanto en las palabras que usan como en la estructura. Se les puede colocar de una manera muy fácil en columnas verticales paralelas y ser vistos en conjunto a primera vista. Esto ha llevado a los eruditos a llamarlos *sinópticos* (proviene de los formantes griegos *συν* (syn, "junto") y *οψις* (opsis, "ver"); indica que los contenidos de estos tres Evangelios pueden ser dispuestos para "ser vistos juntos o al mismo tiempo").

Resolviendo el problema sinóptico

Colocar los Evangelios sinópticos en columnas verticales paralelas claramente ilustra su interdependencia. El problema sinóptico es explicar la relación que hay entre los Evangelios, en particular cuál fue escrito primero y como este fue la inspiración y la fuente para la composición de los otros. En la historia de la erudición bíblica, muchas soluciones muy ingeniosas han sido propuestas, pero solamente pocas hipótesis han sido ampliamente aceptadas. Desde el tiempo de san Agustín (+430) al siglo XVIII, la teoría aceptada era que los cuatro Evangelios fueron escritos en el orden en que aparecen en nuestras Bíblias—Mateo, Marcos, Lucas y Juan—y que cada uno dependía de sus predecesores. En el siglo XVIII, los eruditos eliminaron a Juan de la consideración sinóptica, retuvieron la prioridad de Mateo e identificaron el orden de composición como Mateo-Lucas-Marcos.

A mediados del siglo XIX, la solución de las dos fuentes adquirió relevancia. Esta sostenía la prioridad de Marcos como el Evangelio original e identificaba como la segunda fuente una colección de cerca de 230 versículos de las palabras de Jesús que no se encontraban en Marcos pero que fueron utilizados por Mateo y Lucas. Los eruditos apodaron a esta fuente *Q*, de la palabra alemana *Quelle* que significa fuente. Esta solución en la que se reconocen dos fuentes se ha extendido en el siglo XX y reconoce que Mateo y Lucas tenían otras fuentes que eran únicas en sus comunidades. Estos materiales aparecen en los distintos relatos de la infancia, las palabras de Jesús y en la resurrección. Hoy en día casi todos los eruditos bíblicos aceptan esta amplia teoría de las dos fuentes como la base para su análisis de los Evangelios sinópticos.

Marcos: ¿por qué escribir un Evangelio?

¿Cómo respondería usted si alguien le pidiera que le explicara el mensaje cristiano? Muchos de nosotros probablemente recitaríamos un listo de fórmulas doctrinales. Sin embargo, ¿cuántos de nosotros contaríamos la historia de la vida de Jesús? La gran invención de Marcos fue tomar la vida de Jesús y moldearla en una presentación de la Buena Nueva de nuestra salvación. La narración del Evangelio de Marcos ordenó de manera general la vida de Jesús en los evangelios: su bautismo, su ministerio en Galilea, su viaje a Jerusalén a sufrir, morir y resucitar a la vida nueva. También afianzó el conjunto de palabras de Jesús y los usó de una manera más relacionada con situaciones específicas de la vida de Jesús. ¿Por qué Marcos conformó un Evangelio dándole la forma de la vida de Jesús? Mucha gente respondería que de esta manera se preservaría la memoria de Jesús. A pesar de que hay cierta verdad en esto, el preservar memorias se puede hacer de muchas otras maneras. Uno puede vincular las palabras de Jesús, tal como lo hacen *Q* y el Evangelio apócrifo de Tomás o presentar el Evangelio de manera teológica tal como Pablo tiende a hacerlo.

El toque maestro del Evangelio según Marcos es su estructura. Hacer la vida de Jesús un "Evangelio de vida" y teniendo el final como lo más importante. El Evangelio según Marcos termina con la resurrección de Jesús, no con su muerte. Si el Evangelio hubiera terminado con su muerte, no hubiera habido buenas noticias que proclamar sino solamente la repetición de la muy conocida historia que todo mundo muere. El Evangelio según Marcos proclama que la muerte termina solo con la vida terrenal de Jesús, pero no con su relación con Dios. La Buena Nueva es que lo que le pasa a Jesús también nos pasará a nosotros—esto sucede si nos atrevemos a seguir su manera de relacionarse y su manera de servir que lleva, a través de la muerte, a la vida nueva.

Mateo y Lucas: ¿por qué revisar un Evangelio?

Una vez que el Evangelio fue proclamado como narración de la vida de Jesús, otros reconocieron la gran fuerza y atractivo que tenía. La vida de Jesús se convirtió en el modelo a seguir para sus seguidores; su historia se convirtió en sus historias y su destino se convirtió en su esperanza. La historia del Evangelio no podía ser reinventada, pero su riqueza podía ser traída a la luz de una manera nueva. La historia del Evangelio según Marcos fue utilizada por otros evangelistas para sus propios fines, tal como una herramienta puede ser adaptada a nuevas tareas.

La necesidad de revisar el Evangelio según Marcos ocurre por las mismas razones que muchos libros son revisados. La palabra *revisar* significa "someter algo a nuevo examen para corregirlo, enmendarlo o repararlo". Las revisiones ocurren cuando el libro original es leído en el contexto de una nueva situación, que requiere nuevas soluciones a problemas, o cuando otro autor tiene material nuevo que necesita ser agregado. Ambos Mateo y Lucas son guiados por estos motivos fundamentales al editar el Evangelio según Marcos para reorganizarlo y responder a los problemas que estaban enfrentando sus comunidades.

El Evangelio según Marcos fue escrito en un período de prueba, cuando el seguir el camino de Jesús significaba tomar la cruz y tal vez morir. Fue el "comienzo de la Buena Nueva" (Marcos 1,1) para una comunidad mixta compuesta por judíos y cristianos gentiles que pensaban que era el fin del mundo. Marcos moldeó la vida de Jesús como una parábola extensa que prueba el tema de la identidad de Jesús. En repetidas ocasiones, sus lectores se ven forzados a reajustar sus expectativas cómodas a la luz de información sorprendente y desafiante sobre quien realmente fue Jesús. Ni la comunidad de Mateo ni la de Lucas afrontaron tales pruebas. El mayor problema de Mateo fue el animar a su audiencia, mayoritariamente judía, a adoptar tanto su tradición judía como la misión a los gentiles, que estaban transformando al cristianismo en un nuevo tipo de comunidad. Para hacer esto, el presentó a Jesús como un maestro con autoridad que edificó su enseñanza sobre la ley de Moisés, pero la transformó en la nueva comunidad cristiana de buenas relaciones personales (vivir una vida recta).

El problema de Lucas fue en demostrar como la nueva comunidad cristiana, formada de los gentiles conversos, estaba arraigada en las no tan conocidas tradiciones del Antiguo Testamento y a dirigir sus energías hacia una misión global siguiendo el ejemplo de Jesús. Para hacer esto, presentó a Jesús como un profeta compasivo cuyo testimonio, tanto de palabra como de sufrimiento, pudo congregar a todos, especialmente a los pobres y a los marginados, en una nueva comunidad universal de la alegría y el servicio reunida alrededor de la mesa (el banquete).

Tanto Mateo como Lucas poseían material nuevo que quisieron agregar al Evangelio según Marcos. Ellos compartían una colección común de palabras de Jesús con los cuales complementaron a Marcos en diversas maneras. Mateo utiliza la mayoría de su material *Q* para crear cinco extensos discursos que forman la columna vertebral de la enseñanza de Jesús en este Evangelio. Lucas agrupó la mayoría de este material insertándolo en los capítulos 9—19, en los cuales Jesús el profeta y maestro pone su mirada en Jerusalén, la "que mata a sus profetas" (Lucas 13,34). En camino a Jerusalén, el revela el significado del sueño de Dios por una comunidad de personas relacionadas entre si como Dios quiere que estén.

Estudiando los sinópticos

Para estudiar los Evangelios sinópticos, los eruditos han concebido un método para el "estudio crítico del proceso de redactar" llamado *crítica de la redacción*. La palabra redacción es una palabra más antigua para decir editar. Este método "procura poner en claro la contribución personal de cada evangelista, y las orientaciones teológicas que han guiado su trabajo de redacción" (cf. *La Interpretación de la Biblia en la Iglesia* de la Pontificia Comisión Bíblica, 1993, I. A.1). Por medio de este método, los eruditos han sido más capaces de reconocer y apreciar las características literarias y teológicas propias de cada Evangelio.

Podemos hacer un resumen de las presuposiciones que guían a la crítica de la redacción de la siguiente manera. Tanto Mateo como Lucas tuvieron y utilizaron la estructura de Marcos para la composición de sus Evangelios. También incluyeron materiales de otras fuentes que estaban a su disposición, compartieron la fuente *Q* y sus propias fuentes. Debido a que Lucas y Mateo tenían el texto de Marcos, suponemos que los cambios que hicieron al Evangelio según Marcos fueron hechos deliberada y libremente. Al reflexionar sobre la razón de estos cambios, podemos empezar a discernir sus intenciones y descubrir el énfasis particular de cada autor.

Claro que no hay garantía de que podamos regresar en el tiempo y meternos a la mente de Mateo y Lucas, pero si podemos reconocer los temas y las ideas que cada uno de ellos enfatiza cuando hacen cambios en Marcos. A medida que reflexionamos sobre las razones por la que hacen sus cambios, descubrimos que están ligados muy frecuentemente al entendimiento de cada evangelista sobre quien es Jesús y las necesidades especiales que afrontan sus comunidades. El Evangelio según Marcos fue muy bueno para la comunidad de Marcos, pero los nuevos tiempos y los nuevos retos exigieron nuevas versiones de la historia de Jesús. A medida que usted empieza a estudiar los Evangelios sinópticos más detenidamente, debe de utilizar una sinopsis de los Evangelios, la cual coloca el texto en columnas paralelas verticales y así puede detectar más fácilmente las diferencias de cada Evangelio. Con este formato, usted podrá comparar rápidamente los textos de cada evangelista. Una vez que haya encontrado el pasaje que usted desea examinar haga lo siguiente.

Primero, puesto que suponemos que Marcos es la fuente original, observe los cambios que Mateo y Lucas hacen de Marcos. Estos cambios pueden ser gramaticales, tales como el uso de un vocabulario diferente o la construcción de enunciados; o temáticos, tales como la introducción u omisión de material que el evangelista cree que es necesario comunicar. También observe que los cambios pueden ser por adición, omisión, cambio de ubicación o sustitución (algunas veces Mateo y Lucas piensan que una versión de un incidente que proveniente de sus propias fuentes es mejor que la de Marcos).

Segundo, decida qué cambios son los más importantes y cuales tan solo son de estilo. Lucas siempre está mejorando el tosco griego en el que Marcos escribe. Como lectores cuidadosos del texto de Marcos, Lucas y Mateo con frecuencia hacen cambios porque lo que escribió Marcos no estaba claro para ellos o no era lo que ellos querían enfatizar sobre Jesús o el discipulado.

Tercero, a raíz estos importantes cambios, cuestione por qué Mateo y Lucas quisieron hacer estos cambios al texto de Marcos. Obviamente pudieron haber repetido el texto de Marcos palabra por palabra, pero por el hecho de hacer estos cambios nos hace suponer que tenían una razón.

Muy comúnmente, las razones pueden ser reveladas en la representación que cada evangelista da de Jesús. Marcos hace hincapié en que Jesús es el Mesías que sufre y abre así para nosotros una nueva manera en relacionarnos con Dios. Mateo subraya la importancia de que Jesús es un maestro con autoridad que presenta una nueva guía de vida en relación con Dios. Lucas destaca la actividad sanadora y profética de Jesús que da testimonio de la nueva acción salvadora de Dios. Tales cambios afianzan sus representaciones de Jesús.

Otra gran razón para hacer cambios fue el reto particular a los que cada comunidad se enfrentaba. Todos los evangelistas creían que Jesús era la solución a sus problemas. De este modo, las palabras y las acciones de Jesús poseen la llave que abre la puerta de las soluciones a la crisis que confrontan sus comunidades. Mateo y Lucas cambian Marcos, porque la proclamación del Evangelio según Marcos ya no es más la manera en que sus comunidades necesitan escuchar la Buena Nueva.

Dándole forma al Evangelio en nuestra vida

Lo que Mateo y Lucas hicieron al Evangelio según Marcos es lo que nosotros seguimos haciendo con los Evangelios. Tomamos su mensaje para descubrir las soluciones para nuestros problemas de hoy. Cada uno de nosotros forma un Evangelio al seleccionar de entre los cuatro Evangelios las palabras y hechos de Jesús que nos parecen son los más importantes debido a nuestra propia situación y nuestro énfasis—cuando queremos que Jesús sea ejemplo de algo—y para seguir su camino hacia Dios. La Buena Nueva de las cuatro versiones se convierte en la Buena Nueva de muchas maneras. ¡Es verdaderamente providencial el que tengamos cuatro versiones en vez de una sola! También es muy interesante poder examinar la individualidad de cada versión y así reconocer las diferentes teologías y las respuestas de la comunidad a Jesús que están disponibles para nosotros hoy en día.

Steve Mueller es el editor de Living with Christ: Your Daily Spiritual Companion, *que es un folleto mensual que promueve una espiritualidad para compartir con los demás, basada en la Biblia y centrada en la Eucaristía. Él ayudó a desarrollar el programa y enseñó en la original Escuela Bíblica Católica de Denver de estudio bíblico para adultos. También ha editado el currículo basado en el leccionario y programas de preparación sacramental para* Living the Good News Publications. *Ha escrito muchos artículos sobre la Biblia y la espiritualidad bíblica y dos libros:* A Seeker's Guide to Reading the Bible: A Catholic View *(Loyola Press, 1999) y* A Seeker's Guide to Jesus in the Gospels *(Loyola Press, 2001).*

#5.
Visión general del Evangelio de Marcos

Autor

La tradición constante de la Iglesia primitiva atribuye el segundo Evangelio a cierta persona llamada Marcos, el "interprete de Pedro" (1 Pedro 5,13). Aunque el autor podría ser el Juan-Marcos que se menciona en Hechos de los Apóstoles (Hechos 12,12.25; 13,13; 15,36–41), en la actualidad muchos eruditos piensan que no podemos estar seguro de esto. Si el autor no es Juan-Marcos entonces simplemente la identidad del evangelista no es conocida.

Audiencia

Una comunidad mixta compuesta tanto de judíos y cristianos gentiles (probablemente más cristianos gentiles) localizados en un importante centro cristiano, posiblemente Roma. Algunos eruditos sugieren su ubicación en Siria.

Fecha

Del 65–70 d.C. en el tiempo de la persecución cristiana por los romanos al mando del emperador Nerón; la guerra romana-judía en Palestina y la destrucción del templo de Jerusalén (70 d.C.).

Situación de la comunidad

La comunidad batallaba por tener un verdadero entendimiento de Jesucristo y del papel que tenían al ser sus discípulos, en un tiempo de sufrimiento y angustia.

Propósito

Proclamar el mensaje cristiano, contando la historia del ministerio y la pasión de Jesús, para poder re-orientar el entendimiento que la comunidad tenía sobre el sufrimiento y muerte de Jesús y las exigencias de lo que significaba ser su discípulo.

Retrato de Jesús en Marcos (Cristología)

Jesús es:

- Cristo/Mesías (Marcos 1,1; 8,29; 14,61)
- Hijo de Dios (Marcos 1,1.11; 3,11; 5,7; 9,7; 14,61; 15,39)
- Hijo del Hombre (Marcos 2,10.38; 8,31.38; 9,9.12.31; 10,33.45; 13,26; 14,21.62)
- El siervo que sufre y que entrega su vida para la salvación de muchos (esto está implícito a través de todo el Evangelio, especialmente en las predicciones de la pasión de Jesús y en el mismo relato de su muerte [Marcos 8,31; 9,31; 10,32–34; 14–15])
- El que obra milagros y que enseña con autoridad (Marcos 1–8)
- Edificador de la comunidad del Reino (Marcos 5–8)
- Legislador para la comunidad del Reino (Marcos 7)
- Un ser humano que demuestra emoción, está sujeto a conspiraciones, es mal entendido y rechazado, no sabe algunas cosas y sufre mucho

Retrato en Marcos sobre la manera de ser discípulos cristianos (discipulado)

El discípulo cristiano:

- Experimenta la conversión (Marcos 1,15)
- Responde totalmente y sin reservas al llamado de Jesús (Marcos 1,16–20; 2,14)
- Es llamado a estar junto a Jesús, a ser enviado por Jesús y a tener autoridad (Marcos 3,14–15)
- Sigue a Jesús (carga su propia cruz; vive una vida de servicio; se niega a sí mismo; da vida a otros; es como un niño [Marcos 8,34–38; 9,35; 10,21.42–44])

Temas teológicos más importantes en Marcos

Algunos de los temas principales en Marcos son:

- La comprensión y la incomprensión sobre la identidad de Jesús y lo que significa ser su discípulo
- Apertura a los gentiles
- Unidad de la comunidad a través de la Eucaristía
- La lucha entre el bien y el mal
- La dificultad de los discípulos entre el vivir con fe y vivir con miedo
- Los que *están dentro y los que están afuera* (aquellos que escuchan la Palabra de Dios y los que hacen la voluntad de Dios en contraste con aquellos que no escuchan y no creen)
- Los milagros como muestras de la autoridad de Jesús y del anuncio del Reino de Dios
- Dios como Padre (Abbá) aun en medio del sufrimiento

Características de Marcos y su estilo literario

- Simple, directo y brusco
- Extremadamente rápido y a paso veloz
- Vocabulario limitado, prosa a nivel promedio, su uso del griego es frecuentemente corregido por Lucas y Mateo
- Se fija en las acciones más que en las palabras: Jesús es presentado como una persona emprendedora que está en una misión y está siempre de aquí para allá

Secuencia que sigue el Evangelio

La secuencia (el orden) que sigue el Evangelio según Marcos se percibe en la vida de Juan el Bautista, en la vida de Jesús y en la vida del discípulo cristiano.

- PREDICAR
- SER LIBERADO
- SUFRIR LA MUERTE

#6.
Los viajes de Jesús en Marcos

#7.
Auto-examen: el Evangelio de Marcos

1. ¿Cuándo fue escrito el Evangelio de Marcos?
2. ¿A qué audiencia estaba dirigido originalmente?
3. ¿Dónde se localizaba la comunidad de Marcos?
4. ¿A qué situación se enfrentaban los miembros de la comunidad de Marcos?
5. ¿Cuál era el propósito del evangelista al escribir este Evangelio?
6. ¿Cuáles considera usted que son los dos temas más importantes en Marcos?
7. ¿Cuáles son las características de Jesús en Marcos?
8. Para Marcos ¿cuáles son las características de los discípulos de Jesús?
9. ¿Qué es lo más importante que ha aprendido después de haber estudiado el Evangelio de Marcos?
10. Localice los siguientes lugares en el mapa: Betania, Betsaida, Cesarea de Filipo, Cafarnaún, Decapolis, Gerasa, el mar de Galilea, Sidón, Siria, Fenicia y Tiro.

Respuestas al auto-examen: el Evangelio de Marcos

1 65–70 d.C.

2. A una comunidad mixta, compuesta tanto por judíos como por gentiles cristianos (probablemente más gentiles cristianos).

3. En alguna localidad cristiana importante, posiblemente en Roma.

4. La comunidad que se debatía bajo la dificultad de comprender de manera clara quien era Jesús y cuál era el papel que deberían de desempeñar sus discípulos en épocas de sufrimiento, angustia o peligro.

5. El de proclamar el mensaje cristiano por medio de la narración de la historia del ministerio y la pasión de Jesús y así poder reorientar el entendimiento que la comunidad tenía sobre el sufrimiento y la muerte de Jesús y sobre las exigencias que conlleva el ser discípulo de Jesús.

6. Varias posibilidades, entre ellas:
   - Comprensión/incomprensión de quien es Jesús y lo que significa ser su discípulo
   - Apertura a los gentiles

- Unidad de la comunidad a través de la Eucaristía
- El combate entre el bien y el mal
- La dificultad que tenían los discípulos entre el vivir con fe y el vivir con temor
- Los que están adentro/los que están afuera (aquellos que escuchan la Palabra de Dios y hacen la voluntad de Dios en contraposición con aquellos que no oyen ni creen)
- Los milagros como una señal de la autoridad de Jesús, así como del anuncio del Reino de Dios
- Dios como Padre (Abba) aun en medio del sufrimiento.

7. Varias posibilidades, entre ellas:
   - Cristo/Mesías, Hijo de Dios
   - Hijo del Hombre, siervo humillado quien da su vida como rescate de otros
   - Obra milagros, aquel que enseña con autoridad
   - Quien edifica la comunidad del Reino
   - Quien da las leyes para la comunidad del Reino
   - Un ser humano que muestra emociones, el cual está sujeto a conspiraciones, no es comprendido, es rechazado, hay cosas que no sabe (que solo las sabe el Padre) y sufre mucho.

8. Un discípulo cristiano pasa por:
   - Un período de conversión, responde totalmente y sin reservas a la llamada del Señor
   - Está llamado a estar con Jesús, a ser enviado por Jesús y a tener autoridad
   - Sigue a Jesús (carga su cruz, vive una vida de servicio, se niega a sí mismo, da la vida por otros, es como un niño).

9. Varias posibilidades.

10. Utilice su Atlas para encontrar los diversos.

#8. Lucas–Hechos de los Apóstoles: una visión general

Autor

La tradición de los primeros siglos de la Iglesia, ha atribuido de manera constante, el tercer Evangelio y los Hechos de los Apóstoles a alguien llamado Lucas, que es descrito como médico y compañero de Pablo (Colosenses 4,14; Filemón 24; 2 Timoteo 4,11). Es la opinión de algunos eruditos modernos que simplemente no podemos estar seguros si este Lucas es el verdadero autor. Si el autor no es el Lucas del que se habló con anterioridad, entonces la identidad del evangelista es desconocida.

Audiencia

Una comunidad principalmente compuesta por gentiles cristianos, posiblemente localizada en Antioquía en Siria.

Fecha

80–90 d.C.

Situación de la comunidad

La comunidad se enfrentaba a tener que definir qué papel jugaba en un mundo gentil ya que la fe que profesaban se basaba en gran medida en el judaísmo. ¿Eran adecuadas las palabras pronunciadas hace medio siglo por un rabino judío, que había sido crucificado como criminal, para una audiencia compuesta por gentiles modernos?

Propósito

El ofrecer un relato fidedigno y autorizado de la historia de la salvación tal cual fue revelada y realizada a través de la vida y el ministerio de Jesús y continuada en la vida y el ministerio de la Iglesia.

Retrato de Jesús en Lucas (Cristología)

Jesús es:

- Profeta (Lucas 1,76; 4,24; 7,16.39; 13,33; 22,64; 24,19)
- Salvador (Lucas 2,11; 5,24; 7,48; 19,10)
- Cristo (Mesías) el que sufre (Lucas 2,11; 4,41; 9,20; 22,66; 24,26.46)
- Hijo del Hombre (Lucas 5,24; 6,5; 7,34; 9,22.44.58; 11,30; 12,40; 18,31; 22,48; 24,7)
- Amigo de los pecadores y de los marginados (Lucas 5,27–32; 7,29–35; 8,1–3; 15,1–32)

Retrato en Lucas sobre la manera de ser discípulos cristianos (discipulado)

El discípulo cristiano:

- Responde de todo corazón a la llamada de Dios
- Escucha la palabra y la ponen en práctica
- Hace oración
- El Espíritu Santo les confiere poder para realizar su misión
- Responde amorosamente ante las necesidades de los pobres y de los humildes
- Son testigos de Jesús con sus palabras y acciones, actuando sin temor

Temas teológicos más importantes en Lucas

Algunos de los temas principales en Lucas son:

- La historia de la salvación
    - La historia de la salvación se continúa a través del ministerio y de la misión de la Iglesia (los discípulos llenos del Espíritu)

- El Espíritu Santo tiene un papel preponderante al dirigir el plan de Dios para la salvación de los seres humanos
- El triunfo del cristianismo, a pesar de todos los obstáculos, ya que cuenta con la guía del Espíritu Santo
- La transición de una comunidad predominantemente judío-cristiana a una comunidad gentil-cristiana
- Curación (espiritual y física) como un signo de la restauración y de la salvación

- Misión universal (la salvación es para todos, incluyendo los pobres, los humildes, los enfermos, los marginados, los samaritanos, los recaudadores de impuestos, las mujeres)
- El perdón de los pecados y la reconciliación
- Oración y alabanza a Dios
- Alegría como respuesta a la salvación de Dios
- Recto uso de las riquezas
- Camaradería, compañerismo a la hora de compartir alrededor de la mesa
- La vida cristiana como un camino con Jesús
- El templo de Jerusalén

Características de Lucas y su estilo literario

- Excelencia literaria y un rico vocabulario
- El Evangelio según Lucas y los Hechos de los Apóstoles como una sola composición literaria en dos volúmenes
- El uso de paralelismos en el orden en que se narran los relatos individuales y los relatos del Evangelio de Lucas y los Hechos de los Apóstoles
- El uso de los viajes y de la expansión geográfica para ilustrar el plan que tiene Dios para la salvación
- El uso de discursos dados por personajes importantes para así presentar la teología de Lucas
- El uso de resúmenes para recordar al lector sobre el crecimiento de la Iglesia, su desarrollo y las características propias de su manera de ser

Secuencia que sigue el Evangelio

Jesús y su mensaje son:

- REVEALADOS
- PROCLAMADOS
- ACCEPTADOS POR ALGUNOS (respuesta positiva)
- RECHAZADOS POR ALGUNOS (respuesta negativa)

#9. Como leer las historias de la natividad de Jesús

Macrina Scott, OSF

Cada año, al acercarse la Navidad, nuestros corazones se llenan de imágenes sagradas: la Virgen Madre vestida de azul, san José con la barba blanca y manto café, los sabios de oriente montados en sus camellos y vestidos con ropa de terciopelo y portando su corona, los ángeles vestidos de blanco volando sobre el establo.

Alguna persona con una mentalidad científica podría cuestionarnos acerca de cada punto. ¿Puedes probar que los ángeles tienen alas o que María siempre vistió de azul?

Claro que no podemos comprobar todo esto; pero tampoco pensaríamos que la persona que nos hace estas preguntas es muy inteligente. Cualquier persona con sentido común sabe que estas cosas no importan. Creemos que nuestro Creador se ha hecho uno de nosotros. Este misterio sobrepasa todo nuestro entendimiento; sin embargo, lo creemos y nos regocijamos con todo nuestro corazón. En la Navidad celebramos este misterio. Para poder entender la encarnación de alguna manera, para poder permitir que sea algo real, necesitamos representarla de alguna manera.

Sabemos que el misterio de la natividad puede ser representado de varias maneras. De vez en cuando lo vemos pintado por un artista chino y todas las figuras tienen rostros orientales y ojos rasgados. La imagen implica que Jesús vino para salvar a los chinos como también al resto del mundo y no acusamos al artista de distorsionar la escena ya que sabemos que este principio es verdad. Un pintor sueco puede mostrar a una madre y a un niño rubios en una granja escandinava y lo aceptamos de igual manera.

Permitimos a los artistas que tengan mucha libertad al pintar estos sacratísimos eventos porque sabemos que su propósito es ayudarnos a entender el misterio de una manera más profunda. Muchas veces no nos damos cuenta que los primeros artistas que describieron la escena de la natividad para todos nosotros fueron Mateo y Lucas y que ellos tienen derecho a esa misma libertad y con ese mismo propósito.

El arte maestro de Mateo y Lucas

Cuando san Pedro predicó la Buena Nueva de Jesús, o cuando san Marcos la escribió por primera vez en forma de Evangelio escrito, el relato no comenzó con el nacimiento de Cristo. Para Marcos, la Buena Nueva empezó con la vida pública de Jesús, en su bautismo realizado por Juan el Bautista. El Evangelio según Marcos es considerado como el primer Evangelio escrito. Tuvo que recopilar lo que los testigos recordaban que Jesús había hecho y dicho, la manera en que sufrió y murió y como se les apareció a sus discípulos después de la resurrección. Esto era todo lo que los primeros cristianos conversos sabían, esto era suficiente para ellos.

Sin embargo, años más tarde cuando Mateo y Lucas, los dos de manera independiente, no se sentían satisfechos con el Evangelio según Marcos debido a su sencillez, fueron inspirados para tratar de mejorarlo y agregar algunas cosas más. Para empezar, cada uno de ellos agregó un prólogo antes del bautismo de Jesús realizado por Juan. A estos prólogos les llamamos relatos de la infancia. En ellos se narra la vida de Jesús antes de cumplir 30 años.

No obstante, su importancia es todavía más profunda. Al igual que los artistas que pintan la escena de la natividad hoy en día, Mateo y Lucas trataban verdaderamente de decirnos algo sobre el inconmensurable misterio de la encarnación—no sobre lo que Jesús dijo o como era, sino lo que él era y la importancia de su venida entre nosotros. Estos relatos son prólogos teológicos que han sido escritos para mostrarnos como interpretar los eventos del Evangelio de manera adecuada.

A diferencia de la mayor parte del Evangelio, estos prólogos probablemente no se basaron en informes de testigos oculares. Mateo y Lucas pudieron haber hablado con muchas personas que todavía vivan, que habían sido testigos de las acciones y habían escuchado las palabras de Jesús adulto, pero muy pocos, si es que acaso todavía había alguien vivo que hubiera sido testigo de los eventos más íntimos de la infancia de Jesús.

Mateo y Lucas no vieron la falta de información sobre el niño Jesús como un problema. Si hubieran tenido registros de hospital que indicaran la hora de su nacimiento, su peso al nacer y el médico que los atendió, muy probablemente no hubieran pensado que estos datos eran dignos de ser mencionados en sus Evangelios. Sus preocupaciones eran mucho más profundas. Ellos escribieron para nutrir la fe de sus lectores, no para darles información que pudieran usar en un concurso de la televisión.

Los escritores del Evangelio eran como el artista chino que no se preocupa por hacer una investigación para saber cómo era un judío del primer siglo, sino que prefiere hacer caso omiso de esos hechos y pinta a Jesús y María como personas chinas para poder expresar un mensaje.

En el pasado, cuando los eruditos suponían que las narraciones de la infancia eran informes históricos, como el resto de los Evangelios, tenían grandes dificultades para mostrar como dos versiones de eventos tan diferentes como los que presentan Mateo y Lucas, podían ser verdaderas. Estamos muy acostumbrados a combinar los dos relatos en nuestras mentes y en nuestras imágenes, que es muy difícil leer cualquiera de los relatos y ver lo que realmente dice cada uno. Sin embargo, el examinar estos dos relatos y saber las diferencias nos pueden llevar a una mayor valoración de la encarnación y a aumentar nuestra fe.

Dos relatos diferentes

Para Mateo, el niño nace en una casa en Belén, la cual parece ser la casa de sus padres. A Nazaret no se le menciona hasta después de su regreso de Egipto como el lugar en el cual José trajo a su familia para eludir a Arquelao, hijo de Herodes el Grande, quien había masacrado a los niños de Belén cuando buscaba a Jesús. Lucas no dice nada sobre Egipto o sobre la masacre, pero empieza su relato con María quien está viviendo en Nazaret en el momento de la Anunciación. El relato del censo nos explica la razón por la cual fueron a Belén.

Para Lucas, la Sagrada Familia permanece en Belén solo por 40 días hasta que fuera el tiempo la purificación de María para después de lo cual regresaron a Nazaret. Mateo los presenta como si vivieran en Belén dos años después del nacimiento del niño, cuando los Magos llegan del oriente. En Lucas, la Anunciación del nacimiento de Jesús se le hace a María. Mateo, quien parece mostrar menos interés en las mujeres que Lucas, describe la Anunciación hecha a José. Lucas nos habla de la visita de María a Isabel, su santa parienta y acerca de la profetisa Ana; ninguna de las cuales no son mencionadas por Mateo.

Las diferencias se pueden seguir multiplicando indefinidamente. Si usted lee los dos relatos completamente y por separado, se dará cuenta por usted mismo, de los relatos tan diferentes que narran. Pero estas diferencias no deben ser vistas como problemas que se tienen que resolver. Ya que las diferencias entre las pinturas de la natividad tampoco son problemas. Cada una tiene su propia belleza y su propio mensaje. Ambas son verdaderas al nivel en el cual son escritas—como expresiones de profundas realidades teológicas. Probablemente ninguna es verdad en cada uno de los detalles, o sea, de la manera en que lo vemos en un registro de hospital como verdadero. Este no es el tipo de verdad que los autores buscan expresar. Cada uno, Mateo y Lucas, tiene aspectos especiales del misterio de Jesús que cada uno quería hacer sobresalir en su Evangelio y cada uno escribe su prólogo para preparar a sus lectores para lo que va a venir, para darles una pista de sus temas principales.

Mateo: la voz de los judíos

Mateo escribe para los judíos cristianos y los gentiles que se han unido a ellos recientemente. Para los judíos cristianos, el Antiguo Testamento es sagrado ya que ha moldeado su vida espiritual desde la infancia. Mateo es un buen rabino y enseña a sus judíos cristianos de la misma manera en que un rabino instruía a su rebaño, centrando todo en ciertos pasajes del Antiguo Testamento. Su meta es asegurar a sus lectores que no han perdido su herencia como judíos: Jesús es el cumplimiento de todo lo que se dice en las Escrituras Hebreas. La frase más comúnmente utilizada por Mateo, tanto en los relatos de la infancia como en todo el Evangelio, es: "Y todo sucedió para que se cumpliera lo que estaba escrito en los profetas" y era seguida por una cita bíblica del Antiguo Testamento. Parece seleccionar los relatos que escoge porque se acomodan bien con los pasajes que quiere resaltar del Antiguo Testamento.

El relato entero de Mateo sobre la infancia de Jesús esta moldeado en base a la historia de Moisés en el Antiguo Testamento. Jesús se escapó de la matanza de los inocentes al igual que Moisés se escapó en un cesto de la matanza de los niños a manos de faraón. Mateo está informando a sus lectores, quienes piensan que Moisés es el más grande de los líderes religiosos, que Jesús es el nuevo Moisés, como el que ellos conocían, pero aún más grande.

El texto de Mateo nos da un indicio de que sus lectores judíos cristianos de alrededor del 80 d.C. estaban experimentando una crisis terrible. Ellos habían aceptado a Jesús como el Mesías judío que su pueblo había esperado y habían pensado que gradualmente todos los judíos iban a reconocerlo como tal. Sin embargo, estaba pasando lo opuesto. Muchos judíos, en particular los líderes religiosos como los fariseos, se sentían muy amenazados por el nuevo movimiento y habían endurecido su oposición a tal punto que excomulgaron a todos los judíos que habían seguido a Jesús, de la sinagoga y de toda participación en la vida de la comunidad judía. Los judíos cristianos fueron rechazados por su familia y sus amigos, así como por sus antiguos líderes religiosos.

Lo que les sorprendía aún más era el hecho de que muchos gentiles habían aceptado a Jesús como Mesías. Su mundo entero se estaba patas para arriba.

La persecución de Jesús: reflejo de la persecución de los judíos cristianos

Así es que Mateo los consuela con un relato que dice que no solamente ellos han sido rechazados por sus líderes y vecinos, sino que también Jesús ha sido rechazado. Mateo presenta a Jesús que nace en un pueblo judío llamado Belén, pero no menciona ni a los pastores, a Isabel y Zacarías, a Ana y Simeón, o a ningún otro judío dándole la bienvenida. Solamente los Magos gentiles vienen de muy lejos para adorarle. Una vez que llegan, el rey judío y el sanedrín (el consejo de líderes religiosos judíos) se oponen y tratan de matarlo y de paso hacen mártires a los judíos que de alguna manera tenían conexiones con Jesús. Los inocentes parecen ser un símbolo de lo que los judíos cristianos del año 80 d.C. temían que les sucediera. Es en esto momento cuando Mateo presenta a Jesús, amenazado de muerte a manos de los judíos que escapa para salvarse al Egipto gentil.

El tono de los relatos de la infancia de Jesús en Mateo corresponde con el tono triste y temeroso que los judíos cristianos experimentaban al vivir la terrible desilusión de ver como sus líderes religiosos le daban la espalda de manera definitiva a Jesús y sus seguidores.

El relato comienza con la vida de un respetable judío, José, quien ha descubierto que su prometida está embarazada con un niño que no es suyo y siente una consternación muy humana. El Hijo de Dios se ha hecho carne, pero su llegada no es acogida con entusiasmo por el primer judío que conoce esta situación. Después de que un ángel le asegura a José que María ha concebido por obra del Espíritu Santo, la acepta como su esposa de manera muy callada.

El siguiente judío en escuchar sobre la venida de Cristo es el rey Herodes, el cual se llena de envidia e ira. Mateo dice que también el sanedrín y todo Jerusalén estaban agitados. Si miramos estos relatos como historia literal va a ser muy difícil creerlas. La gente judía odiaba a Herodes y es verdaderamente imposible imaginar que todos los judíos que vivían en Jerusalén compartían la misma envidia demente de Herodes, de que un niño recién nacido pudiera ser el Mesías que ellos tanto esperaban. Sin embargo, Mateo está expresando los sentimientos de los primeros judíos cristianos quienes sentían que todos los judíos habían unido fuerzas para luchar contra ellos.

Después, Mateo narra el escape a Egipto y la espantosa masacre de los inocentes y de los llantos y gemidos de sus madres. El espíritu de la Navidad en Mateo no es de mucho gozo. De hecho, solo hay un rayo de luz en toda la escena—los Magos que eran guiados hacia Jesús por su estrella y quienes se gozaban al adorarle. Todo lo demás es oscuridad, consternación e ira, violencia y temor.

Esta es la historia de la Navidad que Mateo nos narra. Creo que podemos aprender mucho si meditamos sobre estos hechos, especialmente en tiempos de sufrimiento. Jesús nos demuestra, como en el relato de la pasión que sería narrado más tarde en el Evangelio, que es capaz de estar con nosotros y entendernos en nuestros momentos de prueba porque el experimentó el rechazo y el dolor.

Lucas: la voz de los gentiles

El tono y el mensaje de los relatos de la infancia en Lucas son muy diferentes, como lo es la misma historia que el narra. Nunca menciona la vergüenza que siente José por el embarazo de María, o la masacre de los inocentes o la huida a Egipto.

El relato de Lucas es en el que usualmente pensamos al meditar sobre los misterios del rosario o con el cual nos preparamos para la celebración de la Navidad. Es la Buena nueva de que un salvador ha nacido para todos los hombres. Lucas es el gentil que escribe a una audiencia compuesta mayormente de gentiles que no están enterados de la crisis que atraviesan los judíos cristianos. Estos gentiles solo están enterados de que Jesús fue judío y que ellos habían recibido la maravillosa noticia de la salvación gracias a aquellos judíos que habían criado a Jesús, lo habían apoyado durante su ministerio público y habían formado la primera generación de la Iglesia. Esta misma Iglesia que había mandado misioneros a los gentiles. De este modo Lucas quiere enseñarles que recuerden con gratitud reverente al pueblo judío. (Su mensaje es también para nosotros los gentiles).

Todos los judíos que se encuentran en los relatos de la infancia de Lucas son bellos, es gente llena del espíritu, que esperan ansiosamente al Mesías y que le dan la bienvenida con amor y gozo. Nos cuenta sobre Zacarías e Isabel, Simeón y Ana, los pastores y los doctores de la ley que se congregan alrededor de Jesús llenos de admiración cuando él tenía 12 años.

Es Lucas el que nos cuenta de María. Mateo y probablemente la mayoría de sus lectores judíos cristianos, vivían en un mundo dominado por los hombres, donde el papel de la mujer era simplemente tener hijos. Pero también de Lucas aprendemos lo que la tradición católica siempre ha enfatizado—que la grandeza de María no proviene tanto de su maternidad como de su grandeza espiritual. Lucas hace hincapié en María, así como también lo hace con las demás mujeres a lo largo del Evangelio. No lo hace solo porque piensa que lo que pasó con Jesús cuando era un bebe fuera particularmente importante, sino porque quiere subrayar la importancia de las mujeres en la Iglesia de todos los tiempos.

Lucas también hace hincapié sobre la oración a través de todo su Evangelio. Muestra a Jesús en la oración muy frecuentemente. En los relatos de la infancia, nos da los grandes cantos del Nuevo Testamento, aquellos pronunciados por Zacarías, María y Simeón—y no se puede olvidar el canto de los ángeles en la noche de la Navidad.

Lucas subraya la pobreza de Jesús

Otro tema sobre el cual muestra un especial interés es por el de la pobreza de Cristo y la pobreza a la cual los cristianos están llamados. Mateo no nos dice nada sobre la pobreza del nacimiento de Jesús, sino que nos muestra a Jesús en una casa recibiendo homenaje de unos viajeros ricos que venían desde muy lejos trayéndole regalos muy caros.

Solo Lucas narra la historia de María y José—al igual que los pobres a través de los siglos—cuyas vidas son desbaratadas por el capricho del poderoso que quiere un censo de sus súbditos. Así que Jesús ni siquiera tiene casa propia cuando nace, pero se le da posada temporal en un establo. No hay cama para él y es recostado en el pesebre de los animales. Lucas nos está preparando para las palabras de Jesús que nos va a reportar más tarde en su Evangelio: "Las zorras tienen donde descansar y las aves tienen su nido, pero el Hijo del hombre no tiene donde descansar". Solamente los pastores—una clase pobre y menospreciada—vienen a honrar al niño en el Evangelio de Lucas.

Más tarde, al narrar la purificación de María, Lucas nos dice que ella ofreció dos tórtolas—que era el ofrecimiento que se les permitía hacer a los pobres en lugar del cordero. De nueva cuenta, Lucas nos está recordando que Jesús nació en una familia pobre. Mateo no menciona ni el pesebre, ni los pastores, ni la purificación de María. Lucas si menciona estos detalles, no porque piense que es importante saber en qué tipo de casa nació Jesús o en qué tipo de cuna se le recostó, lo hace para mostrarnos la realidad de que el Hijo de Dios escogió vivir entre nosotros como un hombre pobre.

COMO SURGIERON LOS RELATOS DE LA INFANCIA

Los relatos de la infancia en los Evangelios, que aparentemente solo surgieron en ciertas áreas de la Iglesia primitiva, tenían la intención de ser desarrollos teológicos de los limitados datos contenidos en la memoria de la infancia de Jesús, por medio del uso del Antiguo Testamento y de la fe desarrollada en su filiación divina y su mesianismo. Es así que los relatos de la infancia son proclamaciones de su origen y carácter supernatural y de las expectativas de su revelación como Mesías y Señor tanto para los judíos como para los gentiles. En Mateo, la revelación se encuentra con una hostilidad profunda; Lucas no exhibe este elemento. Tanto en Mateo como en Lucas, los relatos de la infancia anticipan la pasión y la muerte de Jesús.

La libertad con la que manejaron este material está en armonía con el propósito de los Evangelios como el de ser una proclamación de fe. También están en armonía con los rasgos característicos literarios de los Evangelios, por medio de los cuales ellos han adaptado las tradiciones a la creencia de la Iglesia a la que se lo expone.

John L. McKenzie, SJ
Diccionario de la Biblia

Mateo y Lucas: su mensaje esencial

Es claro que Mateo y Lucas describen en palabras dos imágenes muy diferentes del nacimiento y vida temprana de Jesús. Si estuviéramos lidiando con documentos históricos humanos, nos preguntaríamos: "¿Cuál es verdadero y cuál es falso?". Pero cuando estamos tratando con la Palabra de Dios sabemos que ninguno puede ser falso.

En el pasado, los autores católicos pasaban por todo tipo de ejercicios intelectuales para mostrar que realmente no había contradicción donde el sentido común decía que, efectivamente, había contradicción. No obstante, el Papa Pío XII libró a estos autores y a nosotros para que usemos nuestra inteligencia en maneras más productivas, cuando el señaló en su encíclica *Divino Afflante Spiritu*, que los eruditos deben de encontrar la forma literaria en la que cada parte de la Sagrada Escritura fue escrita. El Papa pidió a los eruditos que investigaran de entre las obras literarias contemporáneas con la Biblia encontrar lo que se esperaba de un autor en esos tiempos antiguos.

Algo que hemos aprendido a cerca de los autores antiguos es que ellos estaban mucho menos interesados que nosotros en los hechos científicos o históricos. Ellos estaban más interesados en el significado de las cosas, en el mensaje esencial. Se consideraba apropiado que un autor escribiera, por ejemplo, el relato de la infancia de un gran hombre aun sin tener alguna información real sobre él. El escritor conocía al hombre como adulto y por lo tanto se sentía seguro de que él había nacido y tenía un padre y una madre. De esta manera, el autor tenía la libertad para redactar los otros detalles, de tal manera que señalaran el tipo de persona en la cual el hombre se había convertido.

Verdaderas imágenes de Jesús

Así es que Mateo y Lucas probablemente sabían poco sobre los hechos de la vida de Jesús en su infancia, pero nos presentan con incidentes los cuales señalan el tipo de hombre en el cual Jesús debería ser: era el Mesías esperado por los judíos, pero rechazado por la mayoría de ellos; un rey y salvador de todos; alguien que se identificaba con los pobres y que elevó a la mujer a su verdadera dignidad y algunas cosas más.

En vez de preocuparnos por la exactitud histórica de los relatos, debemos de tratar de entender estas verdades sobre Jesús. Una vez que entendamos las perspectivas de Mateo y Lucas, entonces podremos decir que las imágenes presentadas de manera tan diferente por ellos son profundamente verdaderas.

Macrina Scott, OSF, es la fundadora de la Escuela Bíblica Católica de Denver de donde fue directora por 20 años. Es autora de cuatro libros. Los más recientes son Bible Stories Revisited: Discover Your Story in the Old Testament, *Cincinnati: St. Anthony Messenger Press, 1999, y* Bible Stories Revisited: Discover Your Story in the Gospel of Luke and Acts of the Apostles, *Cincinnati: St. Anthony Messenger Press, 2004. Es directora del Wisdom Center, el cual ofrece programas de espiritualidad para las personas que están envejeciendo.*

#10.
Los viajes en los relatos de la infancia

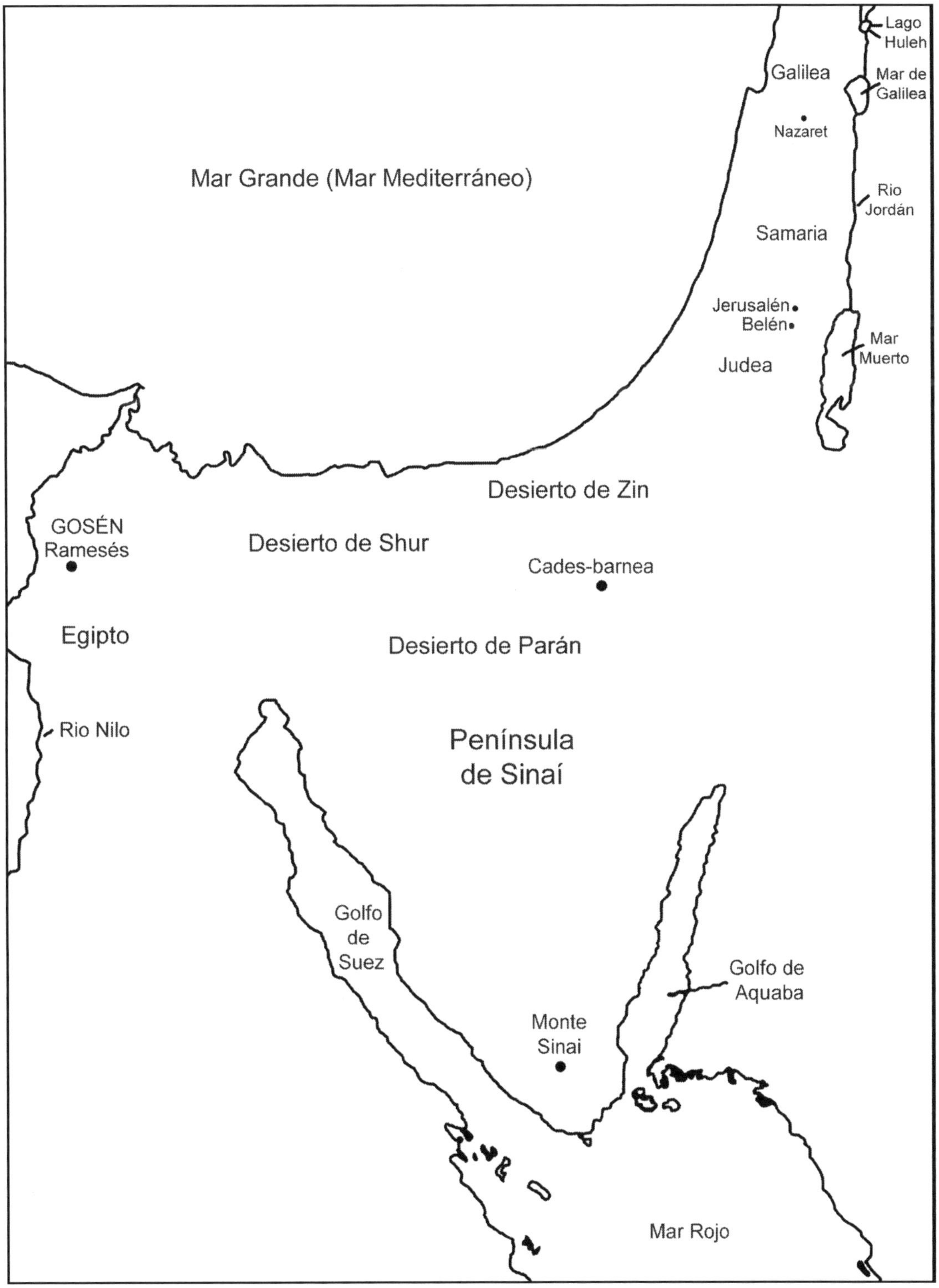

#11. Los pasajes *L*

Joseph A. Fitzmyer

1, 5—2,52	La narración de la infancia—por lo menos una parte
3,10–14	La predicación de Juan el Bautista
3,23–38 (?)	Genealogía de Jesús
4,17–21. 23. 25–30 (?)	Jesús visita Nazaret
5,4–9a	La pesca milagrosa
5,39	Vino viejo y nuevo
7,12–17	Resurrección del hijo de la viuda de Naín
8,1–3 (?)	Mujeres galileas que acompañaban a Jesús
9,52–55	Partida de Jerusalén y recepción en Samaria
9,61–62	Partida del que pudo haber sido su seguidor
10,17–20	El regreso de los setenta y dos
10,25–28	El gran mandamiento para la vida
10,29–37	Parábola del buen samaritano
10,38–42	Marta y María
11,1 (?)	El Padrenuestro
11,5–8	Parábola del amigo inoportuno
11,27–28	Aquellos que son verdaderamente dichosos
12,1	La levadura de los fariseos
12,13–15	Advertencia en contra de la avaricia
12,16–21	Parábola del rico insensato
12,35–38	Vigilancia
12,47–48	El siervo es premiado
12,49	La misión de Jesús
12,54–56	Signo de los tiempos
13,1–9	Invitación a la penitencia: parábola de la higuera estéril
13,10–17	Curación en sábado de la mujer encorvada

13,30	Los últimos serán los primeros
13,31–33	El deseo de Herodes de matar a Jesús y su partida de Galilea
14,1–6	Curación de un hidrópico en sábado
14,7–14	Dichos sobre los invitados a la cena
14,28–32	Condiciones para el discipulado
15,8–10	Parábola de la dracma perdida
15,11–32	Parábola del hijo prodigo
16,1–8a	Parábola del administrador infiel
16,8b–12	Dos aplicaciones de la parábola
16,14–15	Reproche contra los fariseos avariciosos
16,19–31	Parábola del rico malo y Lázaro el pobre
17,7–10	Siervos inútiles
17,12–18 (?)	La curación de los diez leprosos
17,20–21	La venida del Reino de Dios
17,28–32	El día del Hijo del Hombre
18,2–8a	Parábola del juez deshonesto
18,10–14	Parábola del fariseo y el publicano
19,1–10	Zaqueo
19,39–40	Respuestas a los fariseos
19,41–44	Lamentación sobre Jerusalén
20,18	La fuerza de la piedra
21,18.21b.22.24 (?) .28	Destrucción de Jerusalén
21,34–36	Vigilancia
21,37–38 (?)	Ministerio de Jesús en Jerusalén
22,3a	Satanás entró en Judas
22,15–18, 19c–20	Última Cena
22,27	¿Quién es el mayor el que cena o el que sirve?
22,31–33	Predición de las negaciones de Pedro
22,35–38	Dos espadas
22,62–71	Maltrato e interrogatorio de Jesús
23,6–12	Jesús es enviado a Poncio Pilato
23,13–16	El juicio de Poncio Pilato

23,27–32	De camino a la cruz
23,35a. 36–37	Testigos de la crucifixión
23,39b–43	Dos criminales crucificados con Jesús
23,56	Las mujeres preparan aromas y mirra para el sábado
24,13–35	Jesús se aparece en el camino de Emaús
24,36–43	Jesús se aparece a los discípulos en Jerusalén

Fuente: *The Gospel According to Luke I–IX* (The Anchor Bible). Copyright © 1981 Doubleday, una division de Random House, Inc. Usado con permiso de Doubleday, una division de Random House, Inc.

#12.
Material usualmente atribuido a *Q*

Raymond E. Brown

MATEO	LUCAS	CONTENIDO
3,7b–12	3,7–9.16–17	Juan el Bautista y su predicación. Anuncio del que ha de venir
4,2b–11a	4,2–13	Tres tentaciones (pruebas) de Jesús por el diablo (orden diferente)
5,3.6.4.11–12	6,20b–23	Bienaventuranzas (orden y vocabulario diversos)
5,44. 39b–40.42	6,27–30	Amor a los enemigos; presentar la otra mejilla; dar el manto; la limosna
7,12	6,31	Lo que deseas que otros hagan contigo házelo a ellos
5,46–47.45.48	6,32–33.35b–36	Amad más que a os aman; sed misericordiosos como el Padre
7,1–2	6,37a.38c	No juzguéis y no seréis juzgados; La medida que utilicéis se usará con vosotros
15,14; 10,24–25a	6,39–40	¿Puede un ciego ser guía de otros ciegos?; el discípulo no está sobre el maestro
7,3–5	6,41–42	Mota en el ojo del prójimo; viga en el propio
7,16–20 (12,33–35)	6,43–45	El árbol bueno no da frutos malos; no pedir higos a los espinos
7,21.24–27	6,46–49	Decir "Señor" y no cumplir; oír mis palabras y no ponerlas en práctica
8,5a–10.13	7,1–2.6b–10	El centurión en Cafarnaún pide la curación de su siervo; fe admirable
11,2–11	7,18–28	Los discípulos del Bautista; mensaje para él; alabanza de Juan como más que un profeta
11,16–19	7,31–35	Esta generación no se contenta ni con Juan ni con el Hijo del Hombre
8,19–22	9,57–60	El Hijo del Hombre no tiene dónde reposar la cabeza; seguimiento, dejar que los muertos entierren a sus muertos
9,37–38; 10,7–16	10,2–12	La mies es mucha; los obreros pocos; instrucciones para la misión

11,21–23; 10,40	10,13–16	Ayes sobre corazón y Betsaida; quien os oye, amí me oye
11,25–27; 13,16–17	10,21–24	Agradecimiento al Padre por la revelación a los niños, todo ha sido dado por el Hijo; solo él conoce al Padre, bienaventurados los ojos que ven lo que vosotros veis
6,9–13	11,2–4	Padrenuestro (dos formas; la de Mateo, más larga)
7,7–11	11,9–13	Pedid y se os dará; si dais buenos dones, cuánto más el Padre
12,22–30	11,14–15. 17–23	Demonios expulsados por Beelzebub; el hombre fuerte que guarda su casa; el que no está conmigo está contra mí
12,43–45	11,24–26	El espíritu impuro expulsado retorna con otros siete peores
12,38–42	11,29–32	Esta generación busca un signo; signo de Jonás; juicio por el pueblo de Nínive; la reina del sur
5,15; 6,22–23	11,33–35	No poner la lámpara bajo el celemín; el ojo, lámpara del cuerpo; si no es puro, oscuridad
23,25–26. 23. 6–7a. 27	11,39–44	Los fariseos limpian el exterior de la copa; inconsecuencias en el pago del diezmo; buscar el primer lugar
23,4. 29–31	11,46–48	¡Ay contra los escribas por cargar sobre otros pesos insoportables; constructores de tumbas para los profetas
23,34–36. 13	11,49–52	Yo hablo/la Sabiduría de Dios habla; enviaré profetas que serán perseguidos; ay contra los legisperitos
10,26–33; 12,32	12,2–10	Todo lo oculto será revelado; no temáis a los que matan el cuerpo; confesadme ante Dios
10,19–20	12,11–12	En las sinagogas; ayuda del Espíritu Santo
6,25–33	12,22–31	No os preocupéis del cuerpo; observad los lirios del campo; el Padre conoce vuestras necesidades
6,19–21	12,33–34	Los tesoros no en la tierra, sino en el cielo
24,43–44. 45–51	12,39–40. 42–46	Dueño de la casa y hurto; siervo fiel preparado para la llegada del amo
10,34–36	12,51–53	No he venido a traer la paz sino la espada; divisiones en la familia
16,2–3	12,54–56	La habilidad para interpretar los signos atmosféricos; incapaz de interpretar el tiempo presente
5,24–26	12,58–59	Hacer las paces antes de presentarse ante el magistrado
13,31–33	13,18–21	Reino de los cielos/de Dios: crece como la semilla de mostaza; como la mujer que pone levadura en la masa
7,13–14. 22–23; 8,11–12	13,23–29	Puerta estrecha por la que pocos entran; dueño de la casa que rechaza a los que llaman; gentes que vienen de todos los puntos cardinales a entrar en el reino de Dios
23,37–39	13,34–35	Jerusalén que mata a los profetas, bendecirá al final al que viene en nombre del Señor
22,2–10	14,16–24	Reino de los cielos/de Dios: igual a un gran banquete, los invitados se excusan; otros son invitados
10,37–38	14,26–27	El que sigue a Jesús tiene que estimarlo más que a la familia y debe llevar su cruz
5,13	14,34–35	Inutilidad de la sal que ha perdido su sabor

18,12–14	15,4–7	El pastor deja a las 99 ovejas y va en busca de una perdida
6,24	16,13	No se puede servir a dos señores
11,12–13; 5,18.32	16,16–18	La ley y los profetas hasta Juan el Bautista; no pasará una tilde de la ley; el que repudia a su mujer y se casa con otra comete adulterio
18,7. 15. 21–22	17,1. 3b–4	Ay de los que escandalizaren; perdonar al hermano tras la corrección; Pedro: cuantas veces se debe perdonar
17,20	17,6	Si tenéis fe como un grano de mostaza, moveréis montañas
24,26–28	17,23–24. 37	Signos de la venida del Hijo del Hombre
10,39	17,33	El que encuentre su vida la perderá; el que la pierda la encontrará
24,40–41	17,34–35	En aquella noche, uno de dos será tomado; el otro dejado
25,14–30	19,12–27	Parábola de las minas/talentos
19,28	22,38. 30	Los seguidores de Jesús se sentarán en tronos para juzgar a las doce tribus de Israel

#13.
Los viajes de Jesús en Lucas

#14.
Auto-examen: el Evangelio de Lucas

1. ¿Cuándo fue escrito el Evangelio de Lucas?
2. ¿A qué audiencia estaba dirigido originalmente?
3. ¿Dónde se localizada la comunidad de Lucas?
4. ¿A qué situación se enfrentaban los miembros de la comunidad de Lucas?
5. ¿Cuál era el propósito del evangelista al escribir este Evangelio?
6. ¿Cuáles considera usted que son los dos temas más importantes en Lucas?
7. ¿Cuáles son las características de Jesús en Lucas?
8. Para Lucas, ¿cuáles son las características de los discípulos de Jesús?
9. ¿Qué es lo más importante que ha aprendido después de haber estudiado el Evangelio de Lucas?
10. Localice los siguientes lugares en el mapa Belén, el mar Muerto, Galilea, Jericó, Judea, Nain, Nazaret y Samaria.

Respuestas al auto-examen: el Evangelio de Lucas

1. 80–90 d.C.
2. A una comunidad donde predominaban gentiles cristianos.
3. Posiblemente Antioquía en Siria.
4. Una comunidad que estaba teniendo problemas para entender cual era su papel en un mundo gentil, que estaban observando (siguiendo) una fe que tenía sus bases en el Judaísmo. ¿Podían ser apropiadas para una audiencia de gentiles las palabras que un rabino judío, quien fue crucificado como criminal, dirigió a una audiencia compuesta por judíos hacia medio siglo?
5. El de presentar una explicación fidedigna del relato de la historia de la salvación tal como había sido revelada y llevada a su cumplimiento por medio de la vida y el ministerio de Jesús y continuaba en la vida y el ministerio de la Iglesia cristiana.
6. Las diversas posibilidades incluyen:
    - La salvación (historia de la salvación y de la curación tanto espiritual como física)
    - Una misión universal (salvación para todos, incluyendo a los pobres, los humildes, los enfermos, los marginados, los samaritanos, los recaudadores de impuestos, las mujeres)

- El perdón de los pecados y la reconciliación
- El papel del Espíritu Santo al dirigir el plan de salvación de Dios sobre la humanidad
- Oración y alabanza a Dios
- La alegría o gozo como la manera en que un cristiano responde al plan de salvación de Dios
- El correcto uso de las riquezas
- El compartir la mesa con todos, la vida cristiana como un viaje con Jesús
- El templo de Jerusalén.

7. Profeta, Salvador, Cristo (Mesías) quien sufre, Hijo del Hombre, amigo de los pecadores y de los marginados.

8. Los discípulos cristianos responden de todo corazón al llamado de Dios; escuchan la palabra y actúan de acuerdo a lo que dice; oran; las mociones del Espíritu Santo son su guía para la misión; responden de manera amorosa a las necesidades de los pobres y marginados; dan testimonio valeroso con su vida y sus palabras.

9. Muchas posibilidades.

10. Utilice su Atlas para encontrar los diversos sitios.

#15. Esquema de la cronología de la vida de Pablo

Joseph A. Fitzmyer

D.C. 1–10 (?)	Nació en algún momento de la primera decada (Filemón 9), en Tarso de Cilicia (Hechos 22,3)
36	Pablo "perseguía a la Iglesia de Dios" (Gálatas 1,13) en Jerusalén (Hechos 8,3); pretendía hacer lo mismo en la ciudad de Damasco, cerca de la cual fue llamado y se convirtió (Hechos 9,3–19), después de lo cual se fue a Arabia (Gálatas 1,17b), y de ahí volvió a Damasco (Gálatas 1,17c)
39	"De allí a tres años" (Gálatas 1,18), se escapó de Damasco (2 Corintios 11,32–33; Hechos 9,23–25); de ahí fue a Jerusalén donde permaneció quince días, siendo esta su primera visita después de haberse convertido (Gálatas 1,18); más tarde se fue a las regiónes de Siria y Cilicia (Gálatas 1,21) o a Tarso (Hechos 9,30)
43 (?)	Tuvo una visión del Señor (2 Corintios 12, 2–4): 14 años antes de escribir 2 Corintios
44 o 45	Barnabás llevó a Pablo a Antioquía, donde estuvo un año instruyendo a una gran muchedumbre (Hechos 11,25–26)
46–49	Su primer viaje (misión) comenzó y terminó en Antioquía (Hechos 13,4—14, 28); Gálatas 1,21.23; 2,2 probablemente se refieren a esta actividad misionera
49	Claudio expulsó a los judíos de Roma (Hechos 18,2cff.)
49	Durante los 14 años de su conversión Pablo visito una vez más Jerusalén para asistir a la asamblea o "Concilio" (Gálatas 2,1–10; Hechos 15,3–12)
49	Incidente en Antioquía: Pablo reprende a Pedro (Gálatas 2,11–14)
49–50	Se emite un decreto en Jerusalén sobre los alimentos que se permitían o no se permitían comer (Hechos 15,22–29), sobre lo cual Santiago informó a Pablo posteriormente (21,25)
50–52	El segundo viaje (misión) inicia y termina en Antioquía (Hechos 15,40—18,22)
51	Pablo se hospedó en Corinto con Áquila y Priscila (Hechos 18,2)

51	1 Tesalonicenses es escrita desde Corinto (cuando Pablo llegó ahí después de haber estado en Atenas [1 Tesalonicensess 3,1, 6])
52 (¿verano?)	Pablo es arrastrado ante la presencia del procónsul Galión (Hechos 18,12)
52	Pablo regresa a Antioquía (Hechos 18,18–22), después de haberse reunido con la Iglesia de Jerusalén
52 (invierno)–54 (primavera)	Pablo permaneció en Antioquía (Hechos 18,23a)
54–57	Tercer viaje (misión), durante la mayor parte de esta misión utilizó Éfeso como ciudad base (Hechos 18,23b—21,17)
54	Escribe la Epístola a los Gálatas (Gálatas 1,6)
56	Se pierde una carta que escribió a los Corintios (véase 1 Corintios 5,9)
57 (antes de Pentecostés)	Escribe 1 Corintios (1 Corintios 16,8)
57 (otoño)	Pablo se va de Éfeso a Tróade (Hechos 20,1; 2 Corintios 2,12); y después se va a Macedonia (2 Corintios 2,13), donde escribió parte de 2 Corintios (Carta A)
57 (otoño)	Visitó Iliria (Romanos 15,19), desde donde probablemente escribió otra parte de 2 Corintios (Carta B)
57–58	Pablo pasó "tres meses" (invierno) en Corinto (1 Corintios 16,5–6; 2 Corintios 1,16; Hechos 20,2–3), desde donde escribió la Epístola a los Romanos
58 (primavera)	Se va de Grecia, viaja por tierra a través de Macedonia y Filipos (Hechos 20, 3–6a)
58	Después de haber pasado la Pascua en Filipos , Pablo se embarca para Tróade, permanece siete días ahí y sale por tierra hacia Aso, desde donde se embarca hacia Cesarea (junto al mar Mediterráneo) (Hechos 20,6b. 14; 21,1–8)
58	Pablo llega a Jerusalén después de Pentecostés (Hechos 20,16; 21,17); visita a Santiago (21,18); se amotinaron en Jerusalén en su contra (21,27–30); Pablo es arrestado por el comandante romano (21,31–36); es trasladado a Cesarea (junto al mar Mediterráneo) y llevado ante el procurador Félix (23,23–33)
58–60	Pablo es encarcelado por dos años (Hechos 24,27)
60?	Festo remplaza a Félix como gobernador (Hechos 25,1)
60	Pablo apela al César la decisión de la corte de Festo (Hechos 25,11–12)

60 (otoño)	Pablo es enviado a Roma (Hechos 26,32—27,1); viaje y naufragio en la isla de Malta (27,2—28,10)
60–61	Pablo pasó "tres meses" (invierno) en Malta (Hechos 28,11a); se embarcó de Malta a Pozzuoli (28,11b–13); y por tierra viajó a Roma (28,14–16)
61–63	Pablo permaneció en Roma por dos años bajo arresto domiciliario (Hechos 28,30)

#16.
El mundo de Pablo

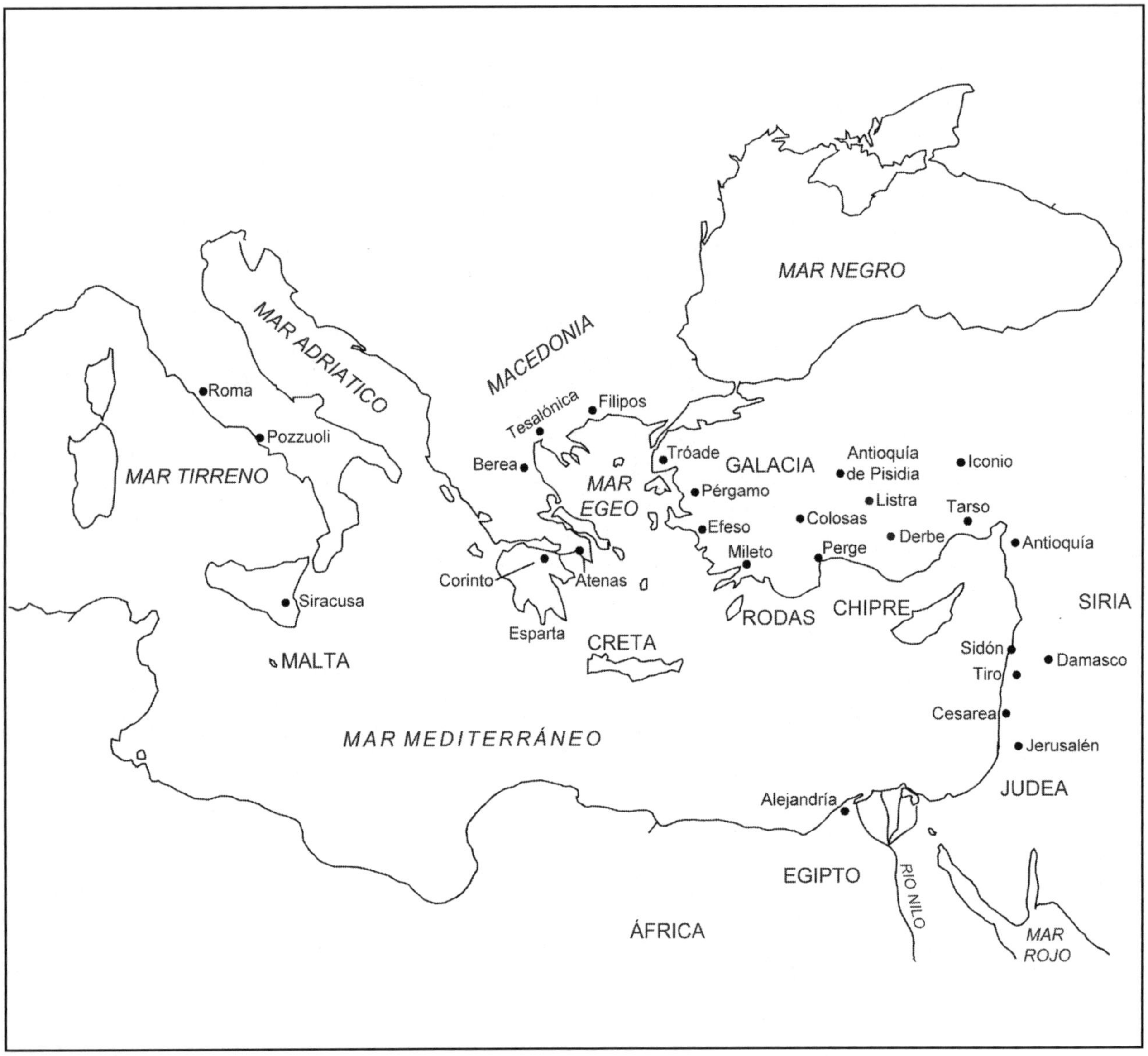

#17.
¿Cuándo ocurrirá el rapto?: lo que enseña la Iglesia católica

Michael D. Guinan, OFM

Hace más de 30 años que un estudiante en mi clase de Sagrada Escritura me hizo esta pregunta: "¿Qué enseña la Iglesia sobre el rapto?". Haciendo memoria de todos los años de educación católica (desde el jardín de niños hasta el seminario y mis estudios para el doctorado) le respondí: "El ¿qué?". Nunca había escuchado tal cosa.

Con el pasar de los años, conversaciones sobre el rapto se han hecho mucho más comunes en nuestra cultura. A través de predicadores de radio y la televisión, del movimiento de coalición Moral Majority de los años setenta y ochenta, del inicio de un nuevo milenio en el año 2000 y del extraordinario éxito de la serie de novelas *Left Behind* ("Dejados atrás"), de la cual recientemente se publicó el doceavo volumén y logró colocarse en la portada de la edición del 24 de mayo de 2004 de la revista Newsweek, es muy probable que sean pocos los católicos hoy en día respondan como yo respondí a esta pregunta. Sin embargo, estos católicos estarían un poco intrigados por la pregunta y se harían esta otra pregunta: "¿Nosotros los católicos seremos parte del rapto?".

En esta actualización vamos a analizar estas preguntas. Vamos a comenzar con el estudio del significado y origen de la doctrina del rapto. Después brevemente vamos a considerar el pasaje bíblico que se utiliza como el fundamento de esta enseñanza. Finalmente, vamos a subrayar algunos problemas que presentan.

¿Qué es y cuándo nació la doctrina del rapto?

"¿Qué es lo que significa el "rapto"? Esta palabra se puede utilizar de varias maneras. Algunos escritores espirituales la han utilizado para referirse a la unión mística con Dios, o para explicar nuestra vida en unión con Dios en el cielo. Sin embargo, esta no es la manera en la que se esta utilizando aquí; la estamos utilizando en una manera más especifica. Para muchos americanos que son catalogados como fundamentalistas cristianos, el rapto forma parte del escenario de los eventos que van a ocurrir al final de los tiempos. Aunque existen diferencias entre varios grupos sobre el significado del rapto, la interpretación más común es la siguiente: al final de los tiempos, Jesús vendrá sobre las nubes del cielo y los justos ("los santos") serán raptados, lo cual quiere decir que serán elevados en el aire para estar con Cristo. Serán separados de los pecadores que permanecerán en la tierra para soportar un período de sufrimiento (la tribulación).

Después de este período, Jesús reinará en la tierra por 1.000 años (el Milenio); al final de este período Jesús vendrá para juzgar (la Parusía) e inaugurar un cielo y una tierra nueva. El rapto es muy significativo porque es el primero de los eventos que inician "el fin del mundo". Esta situación no aparece en ninguna parte del Nuevo Testamento; ha sido formulada al interpretar de manera particular una variedad de textos aislados.

A pesar de que las especulaciones sobre el fin del mundo son tan antiguas como el mismo cristianismo, este escenario no lo es. ¡De hecho ni siquiera tiene más de 200 años de haberse formulado!

Los orígenes del rapto

El rapto parece haber sido inventado por un personaje religioso de nacionalidad británica llamado

John Nelson Darby (1800–82). Fue ordenado en la Iglesia de Irlanda y trabajó ahí para hacer que los católicos dejaran de practicar lo que el consideraba como sus locuras. Era extremadamente pesimista sobre la manera en que veía la situación del mundo y de la Iglesia. Eventualmente dejó la Iglesia y se unió a un grupo disidente llamado *Plymouth Brethren* ("Hermanos de Plymouth"), del cual muy pronto se convierte en un destacado líder.

En 1830, comienza a enseñar que la venida de Jesús al final de los tiempos será presidido por un "rapto de los santos". Algunos miembros de su propia comunidad de Hermanos hacen objeciones de que esta enseñanza no tenía fundamento bíblico, pero Darby rechazó cualquier crítica. Esta enseñanza le había sido revelada, según él, por Dios.

Eventualmente se aleja del grupo y viaja extensamente en los años de 1860 y 1870 a Europa, los Estados Unidos de América y Canadá, donde su punto de vista influyó de manera importante. (De especial importancia es su aparición en el *Scofield Reference Bible* que se imprimió por primera vez en 1909. La edición de 1967 está todavía disponible y es muy popular en varios círculos de protestantes fundamentalistas).

A pesar de las negaciones de Darby, los eruditos han sugerido que hay varias posibilidades que han influenciado su enseñanza sobre el rapto. En 1830, en Port Glasgow, Escocia, una joven de 15 años de edad, de nombre Margaret MacDonald, la cual era seguidora del carismático predicador escocés Edward Irving, asistió a un servicio de sanación en la cual ella tuvo una visión del regreso de Cristo en dos partes. Darby adoptó la visión de esta joven y la amplió.

Otra posible influencia es la del sacerdote jesuita Manuel Lacunza (1731–1801), quien nació en Chile pero se mudó a Italia en 1767 donde vivió el resto de su vida. Haciéndose pasar por un judío converso (bajo el pseudónimo de Juan Josafat Ben Ezra) escribió, en español, una amplia obra apocalíptica titulada La venida del Mesías en gloria y majestad, observaciones de Juan Josafat Ben-Ezra. Esta obra apareció por primera vez en 1811, diez años después de su muerte. En 1827, fue traducida al inglés por nada menos que Edward Irving, buen conocido de Darby y posiblemente de gran influencia en su vida. Esta posible influencia agrega un tono irónico dado el odio que Darby tenía por los católicos.

El "texto del rapto" en las Escrituras

Aquellos que proponen el rapto sostienen que se encuentra en la Sagrada Escritura (1 Tesalonicenses 4,13–18; 5,1– 2). Tal como lo hemos visto, ha sido cuestionado desde sus inicios. ¿Qué podemos pensar sobre esto?

La Primera Carta a los Tesalonicenses es comúnmente considerada el libro más antiguo del Nuevo Testamento. Fue escrito por Pablo en Corinto alrededor de los años 50 o 51 d.C., a poco menos de 20 años de la muerte de Cristo. Esta claro que estos primeros cristianos esperaban ansiosamente el regreso glorioso de Jesús al final de los tiempos. A medida que pasaba el tiempo y este regreso se retrasaba, Pablo responde, a dos problemas pastorales que surgen en la comunidad, con esta cita bíblica.

El primer problema es saber cuando va a regresar Jesús. Pablo dice que ellos "saben perfectamente" que no se sabe cuando va a ser el final; ese día vendrá como un ladrón en la noche. Esto se convierte en algo indiscutible en el Nuevo Testamento, aparece en los Evangelios sinópticos (Mateo 24,42.44; Marcos 13,21–23.32–33; Lucas 12,39–40; 17,20–24; 21,34–35); en Hechos de los Apóstoles (1,6–7); las Cartas (el pasaje mencionado y 2 Pedro 3,9–10); y hasta en el Libro del Apocalipsis, ¡no solo una vez sino dos veces (Apocalipis 3,3; 16,15)! Es innecesario decir que esta clara enseñanza ha sido consistentemente ignorada por muchos hasta el día de hoy.

El segundo problema parece ser más urgente. Debido a que la venida de Jesús se había retrasado, algunos de los miembros de la comunidad ya habían fallecido. Los que quedaban vivos estaban preocupados y se preguntaban si acaso los muertos se perderían la venida de Cristo o si tendrían alguna desventaja por estar muertos.

Pablo combina imágenes que ha recogido de dos fuentes para describir la venida de Jesús. Una de estas fuentes es la literatura bíblica apocalíptica (por ejemplo, Daniel 7,13) que muestra la venida de Jesús bajando del cielo al sonar la voz del arcángel y la trompeta divina. La otra fuente se deriva de su experiencia en la cultura greco-romana que hace referencia a las imágenes de la llegada de un rey en su visita de estado (en griego, Parusía) y a una gran multitud llena de júbilo que sale a su encuentro en el camino y lo acompaña de regreso a la ciudad.

Los muertos resucitarán primero y después nosotros, los vivos seremos "arrebatados" para unirnos con los que han muerto en el aire. Muchos epitafios ("Inscripción que se pone sobre un sepulcro o en la lápida colocada junto al enterramiento") paganos de este tiempo decían que los vivos eran arrebatados por la muerte. Aquí Pablo dice que "seremos arrebatados" para unirnos al Señor y para darle la bienvenida a su regreso.

En el mundo antiguo el "aire" era un lugar de miedo que estaba plagado de seres invisibles, muchos de ellos hostiles. Junto a Cristo no habrá nada que temer. Pablo tiene la intención que este sea un mensaje de consuelo y consolación para los Tesalonicenses. Los cristianos se afligen por la perdida de sus seres amados pero ellos no deben hacer lo "que otros que no tienen esperanza hacen".

Este pasaje es sobre la venida de Jesús en gloria al final de los tiempos. El Nuevo Testamento solo conoce sobre una sola venida. ¡No hay tal cosa como la "primera venida" de la segunda venida! Además, este pasaje no dice absolutamente nada sobre ser "separados de" los pecadores; el concepto central es exactamente lo opuesto. El concepto se refiere a "estar junto" con los muertos. No hay ningún indicio que diga que una vez que hayamos conocido a Jesús "en el aire", el va a dar la vuelta y se regresa, llevándonos con él, para después regresar.

La conclusión es muy clara: no hay nada en lo absoluto en este pasaje que indique que haya una doctrina del rapto. El ver tal doctrina aquí lleva a una completa distorsión del texto bíblico. Si examinamos otros textos bíblicos que con frecuencia se citan para sostener esta enseñanza (por ejemplo, Mateo 24,40–41; Lucas 17,34–35; Apocalipsis 3,10) el resultado sería el mismo.

La enseñanza de la Iglesia sobre el rapto

Como católicos romanos, nos podemos preguntar: "¿Ha censurado la Iglesia todo lo que se refiera a la doctrina del rapto?". La respuesta sería sí y no.

Según mi conocimiento la Iglesia no ha hecho ninguna declaración explícita sobre el rapto. Sin embargo, como ya hemos visto, el rapto forma parte de una expectativa milenaria particular basada en la interpretación particular de textos bíblicos. La Iglesia si ha rechazado explícitamente tanto la enseñanza especulativa como esta manera de interpretar las Escrituras.

El Concilio de Éfeso (431 d.C.) lo denunció como una "desviación de la verdad y fábula". Fue denunciado nuevamente en 1516 en el Quinto Concilio Lateranense. En 1824, la obra de Manuel Lacunza (mencionada anteriormente) fue agregada al "Índice de libros prohibidos". En 1941 y 1944, en respuesta a las preguntas del Arzobispo de Santiago de Chile, la Congregación de la Santa Inquisición (ahora conocida como la Congregación para la Doctrina de la Fe) volvió a rechazar este tipo de especulación milenaria con referencias explícitas a la obra de Lacunza. Recientemente, el 22 de abril de 1998, con motivo de la aproximación del nuevo milenio, el Papa Juan Pablo II alertó nuevamente sobre el peligro de esta manera de pensar.

Al interpretar textos bíblicos, la Iglesia ha hecho hincapié de que es muy importante que tomemos en cuenta los géneros literarios debido a que la verdad es expresada de manera diferente en los diferentes tipos de escritura (Vaticano II: *Dei Verbum* §12; *Catecismo de la Iglesia Católica* §110).

La Pontificia Comisión Bíblica en su documento de 1993, *La interpretación de la Biblia en la iglesia*, reafirmó esta enseñanza (Sección I-A) y rechazó como inadecuado la tal llamada interpretación "fundamentalista" sobre la doctrina del rapto y su perspectiva (Sección I-F).

Advertencia para los católicos

En junio de 2003, los obispos del estado de Illinois publicaron una declaración advirtiendo a los católicos sobre el contenido anti-católico de la serie "Dejados atrás" (cuya editorial tiene sus oficinas centrales en Illinois). Los obispos afirman lo siguiente: "Cuando Jesús nos dijo que estemos alerta y listos para su venida, él también nos advirtió que habría profetas falsos. Uno de los profetas falsos con más publicidad recientemente es la serie 'Dejados atrás'".

Juan Pablo II dijo lo siguiente sobre la interpretación fundamentalista el 22 de abril de 1998: "Sabemos que las imágenes apocalípticas del discurso escatológico sobre el fin de los tiempos deben ser interpretadas bajo la luz de su penetrante simbolismo". Este es un lenguaje que no se debe de tomar literalmente.

Los problemas con el rapto

Para concluir hay que preguntarse: "¿Qué visión del mundo es fomentado o justificado por la ideología del rapto o los dejados atrás?". Puede ser descrito con toda justicia como una "mentalidad intrusa", extremadamente pesimista. Esta mentalidad "excluye" al mundo y a la sociedad, de tal manera que espera ansiosamente dejar todo esto. Más aun, piensa que Dios comparte el disgusto que sienten y que los signos son claros: Dios viene pronto para poner un fin. El mundo esta condenado a la destrucción y es por este motivo que no hay razón de cuidarlo o protegerlo en este momento.

Todos los que se quedan atrás en la tierra al momento del rapto van a estar sujetos a los sufrimientos de la Tribulación. La violencia que se anticipa y describe (tal como aparece en las novelas "Dejados atrás") es casi pornográfica en sus detalles.

El espíritu de venganza se evidencia aún más en aquellos que son "dejados atrás" y son objeto de angustia extrema. La esperanza de que la tierra y la mayoría de sus habitantes van a ser muy pronto destruidos es causa de felicidad y gozo entre aquellos que están tan ansiosos de ser separados de los pecadores y ser "arrebatados" fuera de este mundo porque así estarán con el Señor.

A este pensar debemos yuxtaponer una imagen del mundo muy diferente. El mundo que ha creado Dios es básicamente bueno (Génesis 1). A pesar de que está muy oscurecido y quebrantado por el pecado y la muerte, ha sido creado en Jesucristo, por él y para él (Colosenses 1,15–20). La humanidad comparte en la redención de Dios y aún ahora está gimiendo con dolores de parto en espera de la plenitud de la redención (Romanos 8,19–23) lo cual se manifestará como un nuevo cielo y una nueva tierra (Apocalipsis 21,1–5).

Dios mandó al Hijo al mundo por amor para mostrarnos el camino a la vida. Jesús no se separó de los pecadores sino todo lo contrario, ellos parecen haber sido sus acompañantes preferidos. Si queremos estar con el Señor debemos estar junto con los pecadores.

En todos los Evangelios, Jesús es criticado por los que se creen moralmente superiores (santurrones): "Él come con recaudadores de impuestos y pecadores" (por ejemplo, Lucas 5,29–32), pero Jesús nos asegura que hay más gozo en el cielo por un pecador que se arrepiente que por 99 justos (Lucas 15,7.10). El día de la venida del Señor se ha retrasado y es precisamente porque el Señor "tiene paciencia con ustedes, porque no quiere que se pierda nadie, sino que todos se arrepientan" (2 Pedro 3,9–10). Las palabras más severas de Jesús están reservadas para aquellos que piensan que están seguros y miran despectivamente a otros (por ejemplo, el fariseo y el publicano, Lucas 18,9–14).

Aunque estemos añorando la venida del día del Señor en gloria, la hora de su regreso no se sabe. Ni siquiera lo sabe Jesús; solo el Padre lo sabe (Marcos 13,32). Se nos advierte del peligro de los falsos profetas que dicen que el final está cerca (Mateo 24,23–26), pero Jesús nos asegura "yo estaré con ustedes siempre, hasta el fin del mundo" (Mateo 28,20).

Por lo tanto, debemos de estar haciendo el trabajo del Señor hasta que llegue ese día ya que "Dichoso el sirviente a quien su señor, al llegar, lo encuentre trabajando así" (Mateo 24,46). Si buscamos tan ansiosamente la venida de Jesús bajando del cielo, corremos el peligro de no verlo cuando pasemos junto a el en la calle (Mateo 25,31–46). Parecería que lo que más se deja atrás en la mentalidad de los "Dejados atrás" es la Biblia entera.

¿Qué debe creer un católico?

Comenzamos con varias preguntas: ¿qué enseña la Iglesia sobre el rapto? No hay ninguna enseñanza; no hay ninguna enseñanza tradicional de la Iglesia sobre el rapto. Es algo que llega tarde y de manera muy sospechosa a nuestro panorama.

¿Van a ser los católicos "arrebatados"? No, claro que no. Al igual que nadie va a serlo. Sin embargo, nos quedamos con una pregunta final, la más importante. No se refiere al futuro; la pregunta no es ¿seré tomado por el rapto? Sino que es una pregunta relacionada con el presente: "¿Seré engañado por esta manera de pensar?".

Michael D. Guinan, OFM, Ph.D., es profesor de Antiguo Testamento, lenguas semíticas y espiritualidad bíblica en la Escuela de Teología Franciscana en Berkeley, California.

#18.
Visión general de las Cartas de Pablo

FECHA	CARTA	ESCRITA POR	DESTINATARIO	SITUACIÓN DE LA COMUNIDAD	TEMAS PRINCIPALES
51	1 Tesaloni-censes	Pablo, Silvano y Timoteo	A la Iglesia de los tesalonicenses en Dios Padre y en el Señor Jesucristo	Acosados por los vecinos; Confusión acerca de las enseñanzas de Pablo sobre la parusía	Resurrección/ preocupación por los muertos; La venida de Cristo; Vida de la Iglesia
54–55	Gálatas	Pablo y todos los hermanos que con él estaban	A las Iglesias de Galacia	Misioneros judeocristianos[1] cuestionaban la autoridad apostólica de Pablo y su interpretación del Evangelio	Justificados por la fe en Cristo; La libertad en Cristo
56	Filipenses	Pablo y Timoteo	A todos los santos en Cristo Jesús que están en Filipos	Inquietud y desacuerdo; Confusión causada por el acercamiento de los nuevos misioneros al cristianismo	Cristología (*kenosis*: despojo de uno mismo)[2] Advertencia en contra de los falsos maestros; Unidad, gozo
aproximada-mente 55 (desde Éfeso) o 61–63 (desde Roma)	Filemón	Pablo y Timoteo	Al querido amigo y colaborador Filemón, a la hermana Apfia, al compañero de armas Arquito y a la Iglesia que se reúne en su casa	Como Filemón debe de cuidar de Onésimo, quien es ahora un hermano en Cristo	Pidiendo que acepten a Onésimo, un esclavo cristiano, fugitivo
57 (antes de Pentecostés)	1 Corintios	Pablo y Sóstenes	A la Iglesia de Dios en Corinto	Dificultades que se les presentan a aquellos que quieren vivir el estilo de vida cristiano en el medio ambiente de Corinto	Divisiones, Eucaristía, Eclesiología, Ética, Dones del Espíritu, Amor, Resurrección

FECHA	CARTA	ESCRITA POR	DESTINATARIO	SITUACIÓN DE LA COMUNIDAD	TEMAS PRINCIPALES
57 (a finale del verano/inicio del otoño)	2 Corintios	Pablo y Timoteo	A la Iglesia de Dios en Corinto	Misioneros, rivales de Pablo sabotean su trabajo en Corinto; Ponen en duda el que Pablo sea un apóstol	Relación de Pablo con la Iglesia de Corinto; Colecta a beneficio de la Iglesia de Jerusalén; La autoridad apostólica de Pablo
57/58 (invierno)	Romanos	Pablo	A todos los amados de Dios que están en Roma	No es una comunidad fundada por Pablo. Esta comunidad no conoce a Pablo personalmente. Pablo se presenta a el mismo y a su Evangelio	Justificación por medio de la fe en Cristo; La salvación viene de Dios;Israel dentro del plan de salvación de Dios; Demandas éticas
51/52 o más adelante en el siglo I*	2 Tesaloni-censes	Pablo Silvano y Timoteo	A la Iglesia de los tesalonicenses, en Dios Padre y en el Señor Jesucristo	Posiblemente hay un malentendido en el mensaje de Pablo en 1 Tesalonicenses; La comunidad se preocupa porque algunos dicen que la parusía ya sucedió	Venida de Cristo Exhortaciones éticas
54–56 (desde Éfeso) o 61–63 (desde Roma) o 80s*	Colosenses	Pablo y Timoteo	A los santos de Colosas, hermanos fieles en Cristo	Falsas enseñanzas donde se niega de manera implícita la postura de que Cristo es el único redentor y mediador entre Dios y la creación	Cristo Cósmico Advertencia en contra de enseñanzas falsas El código familiar
60s o 90s*	Efesios	Pablo	A los santos (de Éfeso) fieles en Cristo Jesús	No hay indicaciones claras sobre la situación de la comunidad Quizás hay problemas similares a los que se enfrentaron en Colosas	Doxología a Dios Exhortación a la unidad Eclesiología El código familiar

1. Predicaban como necesarios para la salvación la circuncisión y el cumplimiento de la Ley Mosaica, además de la fe en Cristo.
2. "Se anonadó a sí mismo" (literalmente, se vació a sí mismo)
* De o haber sido escrita por Pablo

#19.
Las asambleas y la Eucaristía

Jerome Murphy-O'Connor

Las viviendas privadas fueron los primeros centros de la vida de la Iglesia. El cristianismo en el siglo I d.C. y por mucho después, no tenía el rango de religión reconocida y por este motivo no había posibilidad que se reunieran en un lugar público como en una sinagoga judía. Por lo tanto, solo se podían utilizar espacios que estaban disponibles, específicamente, las casas de las familias que se habían convertido al cristianismo.

Cuatro casas del período romano han sido descubiertas en Corinto (Wiseman, 1979, 528). De todas ellas solo una se puede atribuir al tiempo de Pablo, la villa en Anaploga (figura 7). La fecha de construcción del esplendoroso piso de mosaico del triclinium (comedor) se remonta a finales del primer siglo d.C. y los fragmentos de cerámica utilizados como relleno para poder nivelar provienen del período de los años 50–75 d.C., el inmueble ya existía cuando se hizo el mosaico (cf. Miller 1972).

Dadas las condiciones sociales de este tiempo, se podría suponer que cualquier reunión que involucrara a personas que no fueran íntimos amigos de la familia solamente tendrían acceso a ciertas habitaciones de la casa consideradas como espacios públicos, específicamente, la entrada, el atrium (atrio), el triclinium (comedor) y al baño. ¿Qué tanto espacio había disponible?

Una casa típica

Las medidas del triclinium en la villa en Anaploga son de 5.5 x 7.5 metros (18 x 24.6 pies) dando al piso una superficie de 41.25 metros cuadros (442.8 pies cuadrados). El atrium que estaba localizado afuera mide 5 x 6 metros (16.4 x 19.7 pies); sin embargo, la superficie de 30 metros cuadrados (323 pies cuadrados) debe reducirse debido a que por lo menos una novena parte del piso era tomada por el impluvium. El impluvium

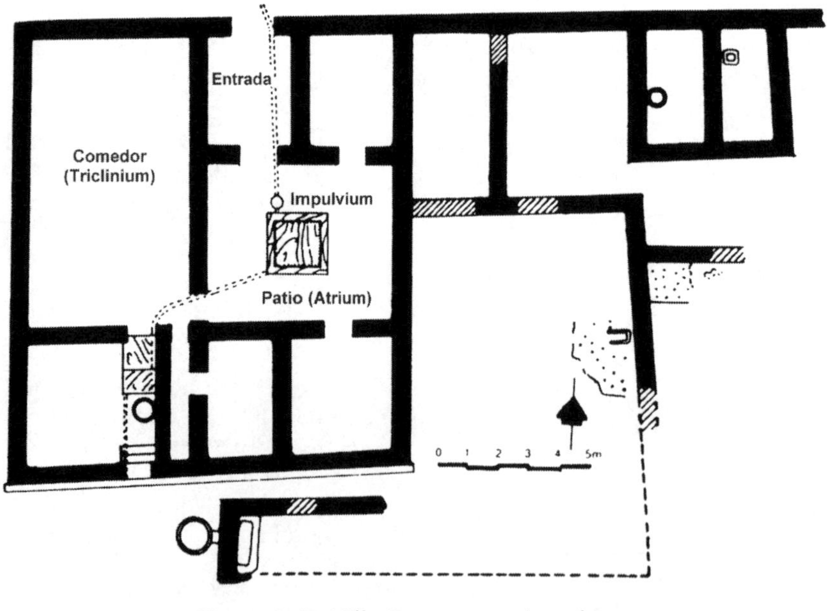

Figura 1. La Villa Romana en Anaploga

era un estanque que recogía el agua que caía por un hoyo del techo; era llamado el compluvium y estaba diseñado para iluminar el atrio.

Estas dimensiones eran muy típicas, tal como se puede ver en varias comparaciones. "Otra villa lujosa del siglo II ha sido excavada en la cercanía de la antigua entrada de Sición" (Wiseman, 1979, 928). Hay que señalar, que el adjetivo que se utiliza junto con la formulación que indica, también se aplica a la villa en Anaploga. Los cinco esplendorosos pisos de mosaico fueron publicados por Shear (1929, 391–7). No se da ningún plano pero se proporcionan las dimensiones de los cuartos: el atrio, 7.15 x 7.15 = 51.12 metros cuadrados (23.5 x 23.5 = 552.25 pies cuadrados) con un implivium cuadrado en el centro; el triclinium fuera del atrio, 7.05 x 7.05 = 49.7 metros cuadrados (23.1 x 23.1 = 533.6 pies cuadrados). El excavador considera que probablemente los mosaicos fueron hechos antes del año 146 a.C. y que sencillamente fueron incorporados a la construcción cuando la villa fue reconstruida en el siglo II d.C.

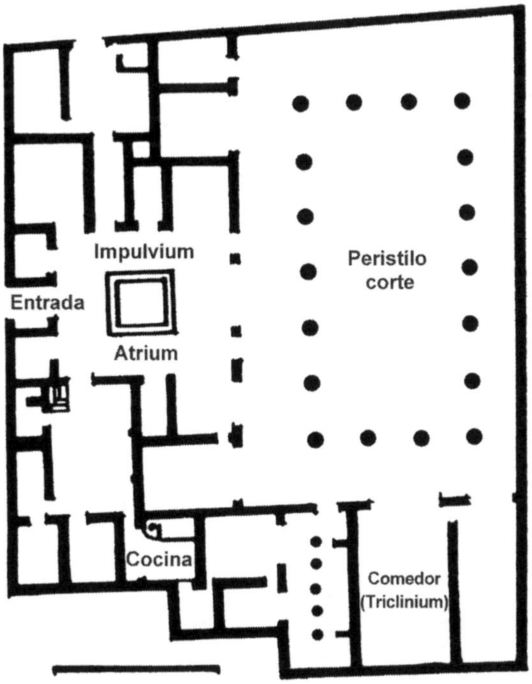

Figura 2. La Casa de Vettii en Pompeya

La igualmente acomodada Casa del Vettii en Pompeya (figura 2), destruida por la erupción en el 79 d.C., era de tamaño similar: el atrio medía 7 x 6 = 42 metros cuadrados (23 x 19.7 = 153.1 pies cuadrados) y el triclinium 4 x 6.3 = 25.2 metros cuadrados (13.1 x 20.7 = 271.2 pies cuadrados). La uniformidad de las medidas en las casas de la clase alta se puede ver en las dimensiones de la Villa de la Buena Fortuna del siglo IV a.C. en Olinto (localizada en la costa al sureste de Tesalónica): el triclinium medía 5.8 x 5 = 29 metros cuadrados (19 x 16.4 = 311.6 pies cuadrados) y el atrio con su impluvium 10 x 10 = 100 metros cuadrados (32.8 x 32.8 = 1075.8 pies cuadrados; figura 3).

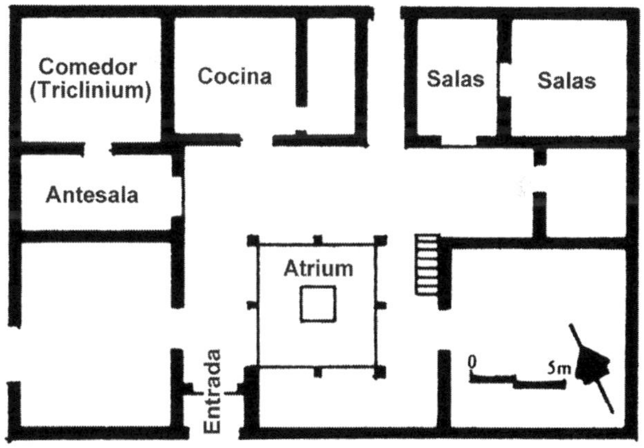

Figura 3. La Villa de Buena Fortuna en Olimpia

En Éfeso, dos complejos de viviendas utilizadas en el siglo I d.C. han sido excavadas en la ladera de Bülbül Dag (Erdemgil). La planta baja del complejo del lado este se extiende por más de 3.000 metros cuadrados (32.292 pies cuadrados) y era la casa de una familia muy rica. Sus amplios y numerosos cuartos públicos habrían sido un beneficio para la comunidad cristiana que estaba creciendo, pero tales magnates raramente eran parte de la comunidad.

Por otro lado, el complejo del lado oeste esta compuesto por siete unidades habitacionales de dos pisos, dos de las cuales están ilustradas en Murphy-O'Connor (1996, 170). El atrio de una casa medía 12 x 8 = 96 metros cuadrados 939.4 x 26.2 = 1032.3 pies cuadrados) cuyas superficie se ve reducida por el impluvium (4 x 4 = 16 metros cuadrados; 13.1 x 13.1= 171.6 pies cuadrados), pero era aumentado por una gran alcoba (6 x 4

= 24 metros cuadrados; 19.7 x 13.1 = 258 pies cuadrados). El triclinium medía 6 x 4 = 24 metros cuadrados (13.1 x 19.7 = 258 pies cuadrados). La segunda casa era un poco más grande. Se puede deducir que el atrio medía 14 x 9 = 126 metros cuadrados (45.9 x 29.5 = 1.354 pies cuadrados) de los cuales el impluvium (5.5 x 7 = 38.5 metros cuadrados; 18 x 23 = 414 pies cuadrados). Las dimensiones del triclinium eran 7 x 5.5 = 38.5 metros cuadrados (23 x 18 = 414 pies cuadrados).

Si hacemos un promedio de la superficie de las seis casas, el tamaño del atrio es de 74 metros cuadrados (797 pies cuadrados) y el del triclinium 37 metros cuadrados (398 pies cuadrados). Sin embargo, no todo este espacio era utilizable. El espacio utilizable en el triclinium estaba limitado por los sofás que estaban alrededor de las paredes; los cuartos que se inspeccionaron no habrían podido acomodar a más de nueve invitados (el número usual; Smith, 1980, 28) que se recostaban al comer. El implivium que se localizaba en el centro del atrio no solamente hubiera disminuido una novena parte del espacio, sino también hubiera restringido el movimiento debido que la circulación era posible solamente alrededor de esta área. De esta manera, la capacidad máxima del atrio era de 50 personas esto suponiendo que no hubiera ninguna urna decorativa o cualquier otra objeto que ocupara espacio, y que todos estuvieran en un solo lugar; la verdadera cifra sería muy probablemente entre 30 y 40 personas.

Por un momento supongamos que esta era la casa de Gayo, un miembro rico de la comunidad cristiana en Corinto (Romanos 16,23) y tratemos de imaginarnos lo que sucedía cuando el era el anfitrión de la "Iglesia entera" (1 Corintios 14,23).

El tamaño de la comunidad en Corinto

Sabemos más sobre la comunidad en Corinto que sobre cualquier otra comunidad que Pablo fundó. No solo sabemos que había una minoría de miembros pertenecientes a familias de sólida reputación, que estaban muy bien educados y que eran muy influyentes (1 Corintios 1,26), sino que Lucas y Pablo nos dan nombres específicos de los miembros.

En Hechos 18 se nos habla sobre Priscila y Áquila (v. 2), Tito Justo (v.), Crispo (v. 8) y Sóstenes (v. 17). Al comienzo de 1 Corintios Pablo menciona la gente que el personalmente bautizó en Corinto, específicamente, Crispo, Gayo (1,14) y Estéfanas (1,16). Al final de esa Carta, además de Apolo (16,12), el manda saludos a los miembros de la delegación que trajeron la Carta (7,1) de Corinto a Éfeso (16,8), en particular, Estéfanas, Fortunato y Acaico (16,17). La Carta a los Romanos fue escrita desde Corinto, de manera que los que en el último capítulo mandaron saludos eran miembros de esta Iglesia—en particular, Lucio, Jasón, Sosípatro, Tercio, Gayo, Erasto y Cuarto (16,21–24).

Si descartamos los nombres repetidos en las listas, vamos a terminar con dieciséis miembros específicos. Sabemos que Priscila y Áquila estaban casados y con seguridad podemos suponer que los otros catorce tenían esposos. Esto nos lleva a un total de treinta, lo cual es una cifra mínima. Ni Lucas ni Pablo tenían la intención de hacer un listado exhaustivo, el hecho de mencionar nombres particulares se debía a circunstancias específicas. Además, se nos dice que el personal que trabajaba en la casa de dos miembros de la comunidad, Crispo y Estéfanas fueron bautizados junto con ellos. De esta manera, tenemos que agregar un número indefinido de niños, siervos/esclavos, y tal vez parientes. Por lo tanto, sería más realista pensar que la cifra base para la comunidad cristiana en Corinto sería de entre cuarenta y cincuenta personas. Los visitantes de la iglesia de Cencreas que tenían como líder a Febe (Romanos 16,1) podían incrementar el número de participantes en ciertas ocasiones.

Las consecuencias de la falta de espacio

Este número de personas muy apenas podía ser acomodado en una casa media como la de Gayo, pero habría significado una gran aglomeración en la villa de Anaploga. Parecería, por lo tanto, que una reunión de la "Iglesia entera" (Romanos

16,23; 1 Corintios 14,23) era la excepción y no la regla; ya que simplemente hubiera sido muy incomodo. Además, Banks (1980, 38) ha señalado, el adjetivo "entera" es innecesario si los cristianos de Corinto se reunían como un único grupo y debe, por lo tanto, de entenderse que esto implica la existencia de otros. Esta observación sugiere que la fórmula la "Iglesia entera" y "la Iglesia en el hogar de X" (véase Romanos 16,5; 1 Corintios 16,19; Colosenses 4,15; Filipenses 2) no debería equipararse sino diferenciarse. Observe que he utilizado la palabra "hogar" en vez de la clásica palabra "casa". Esto es para evitar la impresión errónea que gente como Priscila y Áquila eran dueños de casas. Es muy probable que ellos hayan alquilado una casa.

"La Iglesia en el hogar de X" sería un subgrupo de la gran comunidad. Si Priscila y Áquila hacían la función de ser centro del tal subgrupo en Éfeso (1 Corintios 16,19) y en Roma (Romanos 16,5) entonces es muy probable que también ellos lo fuesen en Corinto. Tales subgrupos estaban compuestos de la familia, siervos, y algunos amigos que vivían en los alrededores (Banks, 1980, 38–39). Mientras tales subgrupos tendían a fomentar un ambiente íntimo de tipo familiar en las celebraciones litúrgicas, también tenían la tendencia a promover divisiones dentro del resto de la comunidad de la ciudad. Parece ser que los varios grupos que menciona Pablo en 1 Corintios 1,12 se reunían por separado. Este aislamiento relativo significa que cada grupo tenía la oportunidad de desarrollar su propia teología, y prácticamente aseguraba de que se arraigara antes de ser confrontada por otras opiniones.

La dificultad de reunir a toda la Iglesia de manera regular en un solo lugar nos ayuda a tener una explicación sobre las divisiones teológicas dentro de la comunidad de Corinto (1 Corintios 1–4); sin embargo, las dificultades del lugar físico también generaban otros problemas cuando todos los creyentes se reunían como Iglesia.

El solo hecho que todos los creyentes no pudieran ser acomodados en el triclinium significaba que había un exceso de personas que llegaba hasta el atrio. Así que fue imprescindible que el anfitrión dividiera el grupo de invitados en dos categorías: a los creyentes de primera clase se les invitaba a permanecer en el triclinium mientras que el resto permanecía afuera. Con un mínimo conocimiento de la naturaleza humana nos indica el tipo de criterio que se usó. El anfitrión debía de haber sido un miembro de la comunidad muy adinerado, así que invitaba a pasar al triclinium a sus amigos más cercanos de entre los creyentes, quienes eran de la misma clase social y de los que esperaría la misma cortesía en una ocasión futura. El resto de los creyentes debía permanecer en el atrio donde las condiciones eran muy inferiores.

Los que estaban en el triclinium se reclinaban como era la costumbre (1 Corintios 8,10) y al igual que Jesús siempre lo hacía con sus discípulos (Jeremias, 1966, 48–49) mientras los que estaban en el atrio eran forzados a sentarse. Además, el triclinium podía ser calentado, pero el hoyo (complivium) que había en el techo del atrio exponía a los que estaban ahí al aire frío que bajaba del Monte Parnaso (2.480 metros/8.136 pies) que se cubre de nieve durante nueve meses al año.

El espacio disponible hacía que tal discriminación fuera inevitable, esto no hacía que el resentimiento que sentían los que estaban en un lugar de segunda clase disminuyera. Aquí podemos ver una posible fuente de las tensiones que aparecen en el relato de Pablo sobre la liturgia eucarística en Corinto (1 Corintios 11,17–34). Sin embargo, su declaración "Mientras uno pasa hambre, otro se emborracha" (v. 21) sugiere que tales tensiones pudieran haber sido agravadas por otro factor, el tipo de comida que se servía.

Diferentes clases de invitados

Debido a que el Corinto que Pablo conocía había sido fundado de nuevo como una colonia romana en el 44 a.C. y que el latín era el idioma que dominaba oficialmente hasta el final del siglo I d.C., es legítimo que supongamos que las costumbres romanas estaban de moda. Una costumbre era el servir diferentes tipos de comida a las diferentes categorías de invitados. Plinio el Joven cuenta la siguiente experiencia:

> Estaba cenando con un hombre, aunque no era particularmente mi amigo, cuya elegante economía, como él la llamó, a mi parecer era un tipo de extravagancia tacaña. Los mejores platos eran colocados en frente de él y de unos pocos, y las sobras baratas de comida para el resto de sus acompañantes. Él mismo había puesto el vino en frascos muy pequeños que estaban divididos en tres categorías, no con la idea de dar a sus invitados la oportunidad de escoger, pero para hacerles imposible que rechazaran lo que se les daba. Una porción era para él y para nosotros, la otra para sus amigos menos cercanos (todos sus amigos estaban en categorías) y la tercera para sus hombres libres y los nuestros. (*Epístolas* 2.6)

Esta odiosa costumbre proveyó de material para que los sátiros romanos de los siglos I y II d.C. lo utilizaran. Toda la quinta sátira de Juvenal es una despiadada disección del sadismo del anfitrión que hace de sus invitados inferiores "prisioneros de los buenos olores de su cocina" (línea 162):

> Vean esa enorme langosta que es servida a mi señor, toda adornada con espárragos. Vean como su pecho arrogante distingue el plato. ¡Con que faldón mira hacia abajo a la compañía, que se hecha de ver en las manos de ese ayudante alto! Ante usted es puesto en un plato pequeñito una jaiba rodeada por la mitad de un huevo—un banquete justo para los muertos. El anfitrión empapa su pescado en aceite de Venafro. Las verduras empalagosas ofrecidas a usted, pobre diablo, van a oler como la lámpara, porque el contenido que llena tus vinagreras fue traído del río Tiber en una canoa númida de proa puntiaguda—cuyo contenido impide a cualquier persona en Roma el compartir el baño con un africano, y que hasta lo va a proteger de la mordida de una serpiente negra. (*Sátiras* 5.80–91)

Siendo más breve, pero con la misma efectividad, Marcial plantea la misma cuestión:

> Cuando se me invita a cenar, ya no como si fuese un invitado comprado, ¿por qué no se nos sirve la misma cena a los dos? Usted come ostras engordadas en el Lago Lucrino, y yo chupo un mejillón por un hoyo en la concha. Usted come champiñones y yo como hongos para los cerdos. Usted come manjares de pescado y yo el rodaballo. Dorada con grasa, se atraca con una tórtola de ancas abultadas, pero está servido frente a mí una urraca que ha muerto en su jaula. ¿Por qué estoy cenando sin ti Póntico, aunque este cenando contigo? La repartición se ha ido: tengamos el beneficio de eso; comamos de lo mismo. (*Epigramas* 3.60)
>
> Bebemos de un vaso, el tuyo es de murra Póntico. ¿Por qué? Acaso un vaso transparente va a traicionar tus dos vinos. (*Epigramas* 4.85)

Solo los adinerados son atraídos por este método de ahorro y es verdaderamente posible que un creyente de Corinto, que fuera el anfitrión de toda la Iglesia encontró la manera ideal de demostrar su grado de sofisticación a la vez que ejercitaba prudencia económica al servir diferentes tipos de comida a los dos grupos de creyentes, esta era una distinción que había sido impuesta sobre él por la manera en que estaba diseñada su casa. Debido a que los amigos del anfitrión vivían una vida ociosa, podían llegar temprano y darse un banquete con grandes porciones de comida muy superiores mientras esperaban la llegada de los creyentes de clase baja que no disponían de la libertad para disponer de tanto tiempo. La condición de aquellos que se reclinaban y se atracaban de comida en el triclinium no se le podía ocultar a aquellos que se sentaban en el atrio. En la casa en Anaploga la comida que salía de la cocina que estaba destinada para el triclinium tenía que forzosamente pasar por en medio del atrio.

La reconstrucción es hipotética pero no se ha sugerido otro escenario que explique tan bien los detalles de 1 Corintios 11,17–34. La amonestación "espérense unos a otros" (v. 33) significa prolambanō en el versículo 21 tiene necesariamente una connotación temporal; algunos comenzaban a comer antes que otros. El hecho de que estas familias tuvieran lo suficiente para comer y beber (vv. 22 y 34) nos indica que venían de la sección adinerada de la comunidad y pudiraen haber hecho una contribución para el banquete comunitario. Esto, ellos pensaban, les dada el derecho de pensar que este era "su banquete" (*to idion deiphon*). Apoyado por la costumbre romana, habían considerado su derecho de apropiarse de las mejores porciones para ellos. Tal egoísmo necesariamente incluiría la tendencia de tomar un poquito más y de esta manera no quedaría ninguna sobra para los que no tenían nada (v. 22) que en su hambre tenían que contentarse con el pan y el vino proporcionado para la Eucaristía. Sin embargo, como lo indica Pablo con dolor, bajo tales condiciones la Eucaristía no es posible (v. 20).

#20.
Ustedes son el Cuerpo de Cristo: antropología cristiana según Pablo

Barbara E. Bowe, RSCJ

"Conócete a ti mismo, no supongas que Dios te va a escanear". Con estas líneas el poeta británico Alexander Pope comienza su poema "Riddle of the World" ("El acertijo del mundo"), que es una breve meditación sobre el misterio que encierra la persona humana. El ser humano, nos dice, es "puesto en el istmo de un estado localizado en la mitad, un ser rudamente sabio y obscuramente grandioso". A través de la historia de la humanidad, el conocernos a nosotros mismos ha demostrado ser un tremendo reto. Los seres humanos, con su complicada naturaleza compuesta por cuerpo y alma, razón e irracionalidad, "creados para medio sobresalir y medio derrumbarse", tal y como lo dice Pope, somos frecuentemente acertijos para nosotros mismos y para los demás. Ese acertijo era igual de perplejo para los primeros cristianos. De hecho, ellos batallaron no solamente para darle apariencia no solamente al significado de su humanidad de manera general, pero también a la novedad tan radical de la existencia humana que ellos sentían "en Cristo".

Para ejemplificar como los cristianos empezaron a resolver este acertijo, consultaremos las Cartas de Pablo, porque en ellas utiliza de manera abundante terminología relacionada con la persona humana y porque sirvieron como punto inicial a las reflexiones cristianas que se hicieron posteriormente sobre este tema. La noción de "cuerpo" (en griego, *soma*) es central dentro del vocabulario antropológico de Pablo, este es un término que llegó a tener un significado especifico en la fórmula utilizada por Pablo para referirse a la Iglesia como el "Cuerpo de Cristo". Este importante término: *soma*, servirá como el punto final de nuestras reflexiones.

La terminología paulina sobre la persona humana

Cualquier explicación del vocabulario antropológico de Pablo en sus Cartas está llena de dificultades. Pablo fue sobre todo un pastor y no un experto en teología sistemática, fue alguien que respondió siguiendo sus instintos, casi de manera espontánea ante las diferentes situaciones en las que se encontraban las Iglesias. Es por esta razón que sus términos y conceptos son utilizados de manera inconstante y algunas veces hasta de manera contradictoria. Es más, como dirigió cada una de sus Cartas a una comunidad *en particular*, los problemas y las situaciones especiales de cada una de estas comunidades influían la manera en que Pablo respondía en cada situación. Por lo tanto, no esperemos encontrar en los escritos de Pablo una forma ordenada y sistemática en lo que se refiere a que significa ser humano; en su lugar, solamente nos encontramos con pistas que nos ayudan a valorar el misterio de la existencia humana. Una vez conscientes de esta situación, procederemos a recapitular la percepción pastoral que Pablo tiene sobre la persona humana.

En sus Cartas, Pablo utiliza una variedad de conceptos claves al referirse a la existencia humana. Habla sobre 1) el "corazón", 2) el "ser viviente, el alma", 3) la "carne", 4) el "espíritu", 5) la "mente", 6) el "estado consiente" y la "conciencia" y 7) el "cuerpo". Pero, en ningún lugar, encontramos definiciones explicitas de estos términos. Por el contrario, nosotros frecuentemente tenemos que inferir el significado respectivo, de acuerdo al contexto en el cual son usadas, e inclusive algunas veces tienen diferentes significados en los diversos contextos. Una cosa es cierta: cada una de ellas designan diversos *aspectos* de la persona humana vista desde diferentes perspectivas. No reflejan diferentes *partes* de la persona, más bien a *toda* la persona vista desde diferentes ángulos y perspectivas.

Corazón

Para Pablo el término "corazón" (en griego, *kardia*) se refiere a la parte central de la persona humana. De acuerdo con la tradición judaica, para Pablo el corazón es la fuente de donde brota la voluntad, las emociones, los pensamientos y los afectos. El "corazón" mantiene en Pablo el mismo énfasis que el Antiguo Testamento le daba como el autor de la unidad de toda la persona (cuerpo y espíritu) que se ven reflejados hacia fuera a través de las intenciones, pensamientos y devociones. Por ejemplo, Pablo les puede recordar a los tesalonicenses que "Dios conoce nuestros corazones" (1 Tesalonicenses 2,4; Jeremías 11,20; 12,3); esto significa que Dios examina y sondea nuestras intenciones para ver si están encaminadas a Dios. En otro sitio (1 Tesalonicenses 2,17), Pablo dice que él se ha alejado de los tesalonicenses "por la distancia" y no por el "corazón" (cariño), esto significa que los pensamientos y la lealtad de Pablo estaban con los tesalonicenses, aunque estuviera ausente.

Alma, el ser viviente

Nos desviamos si interpretamos el término "alma" (en griego, *psyche*) como si fuera el alma inmortal que sigue existiendo aun después de la muerte. Ni el Antiguo Testamento ni Pablo la utilizan de esa manera. En las Cartas de Pablo, *psyche* sirve para designar la vida concreta de una persona individual en la que se incluyen la conciencia, la inteligencia y la voluntad. Al igual que con el término "corazón", el significado de *psyche* se deriva principalmente del uso judaico donde *psyche* generalmente es la traducción del término hebreo *nephesh*. Frecuentemente este término indica una criatura viva quien se presenta frente al Creador como una criatura necesitada y anhelante. Pablo desea compartir la totalidad de su "persona" con los tesalonicenses—todo su trabajo, la donación de su propia vida por ellos:

> ¡Tanto amor les teníamos que ansiábamos entregarles, no solo el evangelio de Dios, sino también nuestras propias vidas! ¡A tal punto llegaba nuestro amor por ustedes! (1 Tesalonicenses 2,8)

Para Pablo, el *psyche* no es *parte* de quien es, sino que es la total manifestación personal en su existencia humana y terrena. Por lo tanto, debe de quedar claro que "alma" es una traducción algo pobre de este importante término.

Cuando les escribía a la Iglesia de Filipo, Pablo exhorta a la comunidad a tener un solo espíritu *psyche* (Filipenses 1,27); esto es que permanecieran unidos en las luchas comunes de la vida. Aquí vemos como Pablo comienza a formular sus ideas acerca de la naturaleza de la comunidad cristiana como una unidad de vida. Los cristianos no solamente viven juntos, interactuando socialmente y cooperando unos con otros en proyectos y actividades comunes; sino que son partes de una *unidad* orgánica. Esta idea se encontrará totalmente desarrollada en las enseñanzas de Pablo sobre el Cuerpo de Cristo.

Carne

Otro término que para Pablo significa la totalidad de la persona humana es "carne" (en griego, *sarx*). Pero normalmente él utiliza esta palabra para designar el aspecto natural, material o visible de la existencia humana, haciendo, de manera especial, énfasis en las limitaciones intrínsecas de la naturaleza humana. Por ejemplo, el recuerda a los corintios que: "nadie puede presumir ante Dios" (1 Corintios 1,29). Si los dejara a su propia suerte los seres humanos estarían apegados a las cosas de este mundo, atrapados en todo aquello que se relaciona con las debilidades de la carne (Gálatas 5,19–21). Pablo lucha con este dilema especialmente en Romanos 7—8. Ahí argumenta que el pecado y la carne se han coludido en contra de la persona humana. Pablo sabe que "no hay cosa buena en [mi] de manera, en lo que respecta a [mis] apetitos desordenados" (Romanos 7,18). Por lo tanto, sin la ayuda de Dios solamente la muerte le espera.

"Carne" no debe de ser identificada únicamente con el cuerpo humano sino con aquel elemento que compone a la totalidad de la persona humana que la aparta del amor de Dios y del prójimo. De acuerdo con las ideas de Pablo "carne" es cualquier cosa en nosotros que se resista al poder del Espíritu.

Espíritu

Pablo utiliza el término "espíritu" (en griego, *pneuma*) de varias maneras, pero en general lo utiliza para designar el aspecto más profundo de la persona, la sede donde residen los pensamientos, los sentimientos y la voluntad. También puede referirse al espíritu humano que es ni más ni menos que el Espíritu asignado a los seres humanos y que actúa en ellos de tal manera que se convierte en casi idéntico a su espíritu. Este parece ser el significado de "espíritu", por ejemplo, en Filipenses 4,23: "Que la gracia de Jesucristo, el Señor, este con su espíritu". Pero Pablo puede también diferenciar entre el Espíritu divino y el espíritu humano en textos como Romanos 8,16: "Ese mismo Espíritu se une al nuestro espíritu".

En otros escritos, Pablo combate con los "entusiastas del espíritu" quienes asocian la posesión del Espíritu divino con expresiones eufóricas y practicas libertinas. Desde el punto de vista de Pablo, esas personas no han sido capaces de hacer la conexión entre la posesión del Espíritu y el reinado de Cristo "porque el Señor es el Espíritu" (2 Corintios 3,17), lo que significa que el Espíritu se manifiesta para el bien de la comunidad y es dado para servir con amor. Aún más, insiste que el don del Espíritu es simplemente los "primeros frutos" (Romanos 8,23), solamente "una garantía" (2 Corintios 1, 22; 5,5) de la totalidad que vendrá en el futuro, y no un signo de entrada a la perfección en el tiempo presente. Para ahora ya debe ser obvio que estas variedades de términos tienden a ser usados por Pablo de maneras similares. Por ejemplo, "espíritu", "alma" y "corazón" se refieren a aspectos de más profundidad de la persona. El siguiente término será otra manera de designar la dimensión más profunda del ser humano.

Mente (pensamiento)

Cuando Pablo utiliza el término "mente" (en griego, *nous*, por ejemplo, 1 Corintios 1,10; 2,16; Romanos 7,23; 14,5) tal parece que él hace hincapié en la capacidad humana de conocer, juzgar, entender y tomar decisiones. Al hablar sobre la "mente" (pensamiento), lo hace especialmente en el contexto cuando debate con los "entusiastas del espíritu" quienes estiman las expresiones eufóricas y practicas libertinas. El término "mente" (pensamiento) más bien apunta hacia la conciencia de la persona que actúa, discierne y se comunica de manera racional. Esta es la capacidad humana (como lo son el "alma" y el "espíritu") que para los cristianos debe de estar ordenada hacia Cristo: "Nosotros poseemos el modo de pensar de Cristo" (1 Corintios 2,16).

Pablo también insiste en la importancia de que los cristianos se "llamen la atención" unos a los otros (literalmente, "el poner las cosas en claro") para que puedan examinar todo y "quedarse con lo bueno" (1 Tesalonicenses 5, 21). De manera contrastante en la Carta a la comunidad de Gálata las diversas formas de examinar estaban ausentes; los gálatas eran desde el punto de vista de Pablo "torpes", incapaces de distinguir entre las cosas del Espíritu y las de la carne (Gálatas 3,1–3). Donde falta el *nous*, el Espíritu de Dios no puede ser reconocido.

Consciencia, estado de consciencia

Otro término importante para la manera en que Pablo entendía a la persona humana es "conciencia" (en griego, *suneidesis*). Este término aparece por primera vez en 1 Corintios en el contexto de la discusión acerca del comer carne sacrificada para los ídolos (1 Corintios 8 y 10). Es evidente que se presentan dos puntos de vista opuestos. Un grupo tenía conciencia poco formada

(1 Corintios 8,7.10.11); para ellos, la conciencia era el conocimiento doloroso de haber cometido una trasgresión, lo cual los podía llevar a ser esclavos de sus escrúpulos. Ellos se aferraban a la idea que comer carne sacrificada para los ídolos era un escándalo. El otro grupo no tenía esos escrúpulos; ellos identificaban a la conciencia con la parte más profunda de la persona, la cual debía de ser educada al actuar de manera libre. Por lo tanto, ellos demandaban que los torpes los imitarán en la manera que ejercitaban su libertad. Después de todo, ellos decían "sabemos que el ídolo no es nada en el mundo y que no hay más que un Dios" (1 Corintios 8,4).

El consejo de Pablo busca un balance entre las dos posiciones. Afirma que los ídolos ciertamente no son nada, pero alega que la conciencia del torpe, aun si está mal informada, debe ser respetada para así salvaguardar su integridad. La conciencia para Pablo, es la capacidad humana autónoma para discernir entre acciones buenas y malas. Pero la libertad para actuar de acuerdo a la propia conciencia no es absoluta. Debe estar ordenada a buscar fines comunes más que individuales.

Cuerpo

De todos los términos que Pablo emplea para describir los variados aspectos de la existencia humana ningún otro concepto es más vital para su teología como el término "cuerpo" (en griego, *soma*). "Cuerpo" se puede referir simplemente a la manifestación externa de la presencia de la persona, nuestro "cuerpo físico" en el sentido de aquello que de nuestra persona se ve. En algunos pasajes, tal parece que Pablo sustituye "cuerpo" por el pronombre personal "yo, mí, me", por ejemplo, en Filipenses 1,20: "con toda seguridad, ahora como siempre, tanto si sigo viviendo como si muero, Cristo manifestará en mi cuerpo su gloria". A diferencia que con la "carne", el "cuerpo" de manera frecuente sirve para designar nuestra humanidad corpórea orientada hacia Dios y hacia el prójimo. Es con "cuerpo" que resucitaremos y seremos transformados al final de los tiempos para tener un "cuerpo glorioso (Filipenses 3,21) como el de Cristo.

La riqueza de las reflexiones de Pablo acerca de la persona humana como "cuerpo" se manifiesta especialmente en el hecho que utiliza el término soma para referirse tanto a la individualidad como a la colectividad de la existencia humana. Nuestros cuerpos marcan una frontera de nuestra presencia personal y así nos recuerdan nuestra individualidad y disociación. Pablo utiliza el término "cuerpo" cuando quiere hacer hincapié en la colectividad y la solidaridad de la vida humana, nuestra capacidad para relacionarnos y para ser interdependientes. Por ejemplo, se puede utilizar la unión sexual como una útil analogía (1 Corintios 6,12–20). En la unión sexual, el "cuerpo" se une a otro y se convierten en una unidad mayor (Génesis 2,24). Más aun, este es el destino del "cuerpo": unión y no separación.

Pero es en unión *con Dios* "en Cristo" lo que hace la colectividad de la existencia cristiana. Así como las Escrituras Hebreas habían hablado de Israel como quien tiene una "personalidad corporativa" así también, para Pablo, el "cuerpo" retiene esta característica esencialmente corporativa. La presencia personal individual no se hace menos, sino que, por el contrario, es perfeccionada al cuerpo comunitario. Por lo tanto, *soma* se convierte en la conexión por medio de la cual Pablo puede unir la existencia personal individual y la existencia colectiva.

El Cuerpo de Cristo

Aquí es donde se presenta de manera más clara la totalidad del significado que tiene para Pablo el término soma. Pablo utiliza muchas imágenes y metáforas diferentes para describir la relación de los cristianos con Cristo y de unos con otros. En 1 Corintios 3,9, dice que los cristianos son "campos" y "edificaciones". En los demás lugares (1 Corintios 3,16; 6,19), Pablo recuerda a los cristianos que ellos son "templos" en los cuales habita el Espíritu. En Romanos 6,5 encontramos la metáfora de haber sido "injertados en Cristo". Pero ningún otro término ni metáfora pude expresar de manera tan adecuada, como lo hace *soma*, la realidad de la colectividad que Pablo define como "el Cuerpo de Cristo".

La analogía del cuerpo humano como imagen de un cuerpo social era omnipresente en la antigüedad. En su significado más clásico esta imagen era una imagen política, que describía la interrelación que existía entre sus miembros y el "cuerpo político". Era utilizada por los filósofos griegos y romanos para demostrar la unidad esencial del cuerpo social en los contextos en los cuales su unidad estaba siendo confrontada o siendo combatida. Pablo utiliza la metáfora de manera similar en 1 Corintios 12,12–31 para contrarrestar los efectos que causaban la división y la fragmentación presentes en Corinto (véase 1 Corintios 1–4), pero incrementa su significado de manera extraordinaria:

> Del mismo modo que el cuerpo es uno y tiene muchos miembros, y todos los miembros del cuerpo, por muchos que sean, no forman más que un solo cuerpo, así también Cristo. (1 Corintios 12,12)

Aquí Pablo afirma su convicción acerca del "cuerpo" de Cristo resucitado e identifica este cuerpo con la comunidad cristiana formada por "muchos miembros". Podemos estar seguros que esta es la intención de Pablo porque él lo dice de manera explícita en 1 Corintios 12,27: "Ahora bien, *ustedes forman el cuerpo de Cristo* y cada uno es un miembro de ese cuerpo". ¡La afirmación que hace Pablo es extraordinaria! Pablo *equipara* la manifestación visible de la presencia personal de Cristo resucitado con la comunidad cristiana. El Cristo resucitado no puede ser visto o experimentado de manera separada de su cuerpo, la comunidad cristiana.

El Cuerpo de Cristo, no consiste simplemente en una unidad funcional de miembros que cooperan unos con otros como los miembros de una sociedad civil. Pablo va más allá. El cuerpo es un solo cuerpo, y los cristianos coexisten unos con otros en ese cuerpo, viviendo su existencia cristiana en la unidad orgánica del Cuerpo de Cristo. Todo lo demás mana de esta premisa. Es uno y el mismo Espíritu el que vivifica al cuerpo, manifestándose en una "variedad de dones", cada uno de los cuales es dado para edificar al cuerpo. Porque los cristianos coexisten en el Cuerpo de Cristo, las divisiones o las afirmaciones individuales para obtener un estatus especial contradicen a la misma naturaleza del cuerpo y corrompen al corazón de la vida cristiana.

De igual manera, el celebrar la "Cena del Señor" (1 Corintios 11,17–34) sin haber "discernido el cuerpo" es ignorar la presencia del Señor en la comunidad y por lo tanto de juzgarse a uno mismo. "Discerniendo el cuerpo" no es sino el reconocer *en la comunidad* el Cuerpo de Cristo. Debido a la flagrante violación de los valores colectivos y a la falta de cooperación con el cuerpo que se estaba dando en Corinto, Pablo dice: "Cuando se reúnen en asamblea, *no* es para comer la Cena del Señor" (1 Corintios 11,20). Por lo tanto, la auténtica existencia para un cristiano es cuando vive como miembro del cuerpo, tal y como Pablo nos lo recuerda otra vez en Romanos 12, 5–6: "Hay diversidad de servicios pero el Señor es el mismo. Hay diversidad de actividades, pero uno mismo es el Dios que active todas las cosas en todos". Este principio de unidad somática manifiesta y condiciona a toda la teología de Pablo: su ética, sus enseñanzas sobre el ministerio, la Cena del Señor, la resurrección y la esperanza cristiana. Más aun, acentúa las exhortaciones que de manera consistente hace para lograr la unidad y el amor en el Cuerpo de Cristo.

Conclusión

Las reflexiones que hace Pablo sobre la naturaleza de la persona humana y sobre la complejidad de la existencia humana nos ayudan en nuestra lucha para conocernos a nosotros mismos. Aprendemos que nuestra presencia personal y nuestra existencia humana física, a la cual Pablo llamó *soma*, nos orienta hacia una unión con Dios y con el prójimo aun cuando nosotros experimentemos en nuestras personas esa debilidad de la carne que Pablo llamo *sarx*. Reconocemos el misterioso "acertijo" que somos, a la vez que descubrimos que nuestras vidas cristianas encuentran significado y validez cuando las vivimos de manera total como parte del Cuerpo de Cristo.

Sugerencias de lecturas adicionales

J. K. Chamblin, "Psychology", en Gerald F. Hawthorne, Ralph P. Martin y Daniel G. Reid, eds., *Dictionary of Paul and His Letters* (Downers Grove, Ill.: Intervarsity Press, 1993), 765–75.

James G. D. Dunn, *The Theology of Paul the Apostle* (Grand Rapids: Eerdmans, 1998), 51–78.

Joseph A. Fitzmyer, SJ, *Paul and His Theology. A Brief Sketch*. 2nd ed. (Englewood Cliffs, N. J.: Prentice Hall, 1989), especialmente §81–137.

Robert Jewett, *Paul's Anthropological Terms* (Leiden: Brill, 1971).

Jerome Murphy-O'Connor, OP, *Becoming Human Together. The Pastoral Anthropology of St. Paul.* Good News Studies 2; (Wilmington, DE: Michael Glazier, Inc. 1982).

Fuente: *The Bible Today* 29, 3 (1991). Revisada por la autora en 2007. Usada con permiso de Liturgical Press, así como de la autora.

Barbara E Bowe, RSCJ, es actualmente profesora de Nuevo Testamento en la Catholic Theological Union en Chicago, donde imparte cursos de estudios bíblicos y de Cristianismo Primitivo. Es directora del programa Espiritualidad Bíblica.

#21.
Auto-examen: Hechos y Pablo–1

1. ¿Quién escribió Hechos de los Apóstoles? ¿Cómo lo sabe?

2. ¿Cuál es el propósito principal del autor al escribir Hechos de los Apóstoles?

3. ¿Cómo desarrolla el autor de Hechos de los Apóstoles el concepto de discipulado en el Evangelio de Lucas?

4. Recuerde los siguientes detalles de la vida de Pablo:
   a. ¿Dónde nació Pablo?
   b. ¿De qué partido judío era miembro Pablo?
   c. ¿Dónde se encontró Pablo con el Señor resucitado (Hechos 9)?
   d. De acuerdo con la tradición cristiana, ¿dónde murió Pablo y aproximadamente en qué año?

5. Identifique la Carta donde Pablo muestra las siguientes inquietudes:
   a. Estar alertas debido al inminente regreso de Cristo y preocupación acerca de los que ya habían muerto y si alcanzarían la salvación.
   b. Cristo "se vació de sí mismo" (*kenosis*).
   c. Resurrección de entre los muertos.
   d. Pablo defiende su calidad de apóstol y la importancia de la conciliación.
   e. Divisiones entre la comunidad y la importancia de reconocer los dones del Espíritu.
   f. La necesidad de trabajar y no estar inactivo.
   g. Preocupación por las colectas realizadas en favor de la Iglesia de Jerusalén.
   h. Signos que precederán la segunda venida de Cristo.

6. Localice los siguientes lugares en el mapa: Antioquía en Siria, Cilicia, Corinto, Creta, Damasco, Filipo, Tarso y Tesalónica.

Respuestas al auto-examen: Hechos y Pablo–1

1. Lucas; el libro comienza con: "Ya traté en mi primer libro, querido Teofilo, de todo lo que Jesús hizo y enseñó..." (Hechos de los Apóstoles 1,1). El Evangelio de Lucas comienza con una expresión similar: "...escribirte una exposición ordenada, ilustre Teofilo" (Lucas 1,3b) y dice "todo aquello que Jesús hizo y enseñó" (Hechos 1,1).

2. El propósito principal es el de continuar la historia de Jesús y el como se vivía en la Iglesia primitiva a través de la acción de Espíritu Santo. Siguiendo este tema a través de este libro iniciando con Hechos 1,2b. 8. Es también importante el mostrar que la Iglesia se esta convirtiendo más y más en una Iglesia de gentiles.

3. Un discípulo es aquel quien actúa siguiendo las mociones "del Espíritu Santo" (Hechos 1,2b) al que transmitan la Palabra de Dios para que así sus acciones sean modelos de la vida de Jesús en todo lo que hacen. Aunque no se haya seguido a Jesús de manera literal, durante su ministerio en la tierra, se pude seguir siendo su discípulo (por ejemplo, Lidia).

4. a. Tarso.
   b. Fariseo.
   c. En el camino a Damasco.
   d. En las afueras de Roma, 65–68 d.C.

5. a. 1 Tesalonicenses.
   b. Filipenses.
   c. 1 Corintios.
   d. 2 Corintios.
   e. 1 Corintios.
   f. 1 Tesalonicenses.
   g. 2 Corintios.
   h. 2 Tesalonicenses.

6. Encuentre estos lugares utilizando su Atlas.

#22.
Diez efectos del acontecimiento de Cristo

Pablo utiliza una variedad de imágenes del Antiguo Testamento y de su cultura greco-romana para hablar acerca de lo que Dios ha hecho por la humanidad a través de Cristo. Los diez efectos que se presentan de manera resumida aquí son tomados de las Cartas indudables de Pablo. Uno también puede ver los efectos del evento de Cristo tal y como lo entendieron Mateo, Marcos, Lucas, Juan y otros autores del Nuevo Testamento. Aun siendo Cristo la causa que originó todos estos efectos, la experiencia subjetiva de cada uno de ellos no es simultanea.

EFECTO	CITA BÍBLICA	SIGNIFICADO
Justificación	Romanos 3,20–26 2 Corintios 5,21 Gálatas 2,15–21	Dios declara que el pecador está en una relación correcta con Dios por lo que Dios ha hecho en Cristo.
Salvación	Romanos 1,16; 11,11 1 Corintios 1,18. 21 2 Corintios 2,15 Filipenses 1,28; 2,12; 1 Tesalonicenses 5,8–9	Dios rescata a la humanidad del mal.
Reconciliación	Romanos 5,10–11; 11,15 2 Corintios 5,18–21	Dios cambia la relación entre la humanidad y él de una relación distanciada a una de amor, amistad e intimidad.
Expiación	Romanos 3,25	La muerte de Cristo de una vez por todas ha logrado para la humanidad lo que el ritual del día del Perdón simbolizaba.
Redención	Romanos 3,24 1 Corintios 1,30; 6,20; 7,23 Gálatas 3,13; 4,4–5	Cristo por medio de su muerte salva a la humanidad de la esclavitud del pecado.
Libertad	2 Corintios 3,17 Gálatas 5,1. 13; Filipenses 3,20	Los cristianos se ven beneficiados por su condición de ciudadanos de la polis del cielo (el término griego para llamar a una ciudad-estado).
Santificación	Romanos 1,7 1 Corintios 1,30; 6,11 1 Tesalonicenses 4,7	Los cristianos están dedicados al servicio de Dios.
Transformación	Romanos 12,2 2 Corintios 3,18 Gálatas 4,19; Filipenses 3,21	Los cristianos están en el proceso de ser transformados.

Nueva Creación	Romanos 6,4 2 Corintios 5,17 Gálatas 2,20; 6,15	Dios ha creado a la humanidad de nuevo.
Glorificación	Romanos 8,30 1 Corintios 2,7 1 Tesalonicenses 2,12	Dios les está dando a los cristianos una parte de su presencia divina de la cual Cristo ya esta gozando.

Fuente: J. A. Fitzmyer, *New Jerome Biblical Commentary*, Pauline Theology §82, 67–80.

#23.
Auto-examen: Pablo–2

1. De manera breve, explique el concepto de justificación y por lo menos dos conceptos más que Pablo utiliza:

   a. Expiación
   b. Santificación
   c. Redención
   d. Libertad
   e. Conciliación
   f. Salvación
   g. Nueva Creación
   h. Transformación
   i. Glorificación

2. Identifique en cual de las Cartas que escribió Pablo desarrolla sus enseñanzas sobre cada una de sus siguientes preocupaciones:
   a. La libertad en Cristo y el Evangelio sobre la salvación que fue predicado por los judeocristianos de manera diferente.
   b. Un esclavo que es ahora un cristiano y por lo tanto "hermano en el Señor".
   c. La preocupación sobre el hecho de que muchos judíos no se han hecho cristianos.
   d. Cristo es el primogénito de toda la creación.
   e. Deberes familiares.
   f. La Iglesia universal con Cristo como cabeza; edificando la Iglesia con Cristo como la piedra angular.
   g. La justificación por medio de la fe en Cristo.

3. Elija un versículo que sea muy valioso para su vida de oración y apréndalo de memoria. El versículo puede ser de los Hechos de los Apóstoles o de cualquiera de las Cartas paulinas que estudió en esta unidad.

4. ¿Cuál cree usted que es la contribución más importante de Pablo para la Iglesia de hoy en día? Explique los motivos que lo llevaron a llegar a esta respuesta.

5. Localize en un mapa los siguientes lugares importantes para Pablo: Acaya, Aténas, Colosas, Chipre, Éfeso, Galacia, Macedonia y Roma.

Respuestas al auto-examen: Pablo–2

1. Ver la lectura complementaria #22 "Diez efectos del acontecimiento de Cristo".

2. a. Gálatas.
   b. Filemón.
   c. Romanos.
   d. Colosenses.
   e. Colosenses, Efesios.
   f. Efesios.
   g. Gálatas, Romanos.

4. Varias posibilidades.

5. Utilice su atlas bíblico para encontrar estos lugares.

#24.
Panorama general del Evangelio de Juan y las Cartas de Juan

EVANGELIO SEGÚN JUAN

Autor

Hoy en día, la mayoría de los eruditos, concuerdan en la opinión que el evangelista no es Juan el apóstol, a pesar de que la tradición ha perpetuado este punto de vista. De manera predominante, el punto de vista de hoy en día, es que el redactor final pertenece a una generación posterior a la del misterioso discípulo amado (a quien nunca se le da un nombre) y quien es la fuente primordial del Evangelio (Juan 19,35; 21,24).

Audiencia

Una comunidad mixta compuesta por judíos y gentiles cristianos conversos, quienes, de acuerdo con los eruditos, probablemente se localizaban en el área de Éfeso (donde el apóstol Juan se traslado con María), en la costa centro occidental de Asia Menor. Muchos eruditos piensan que los primeros capítulos que se escribieron en este Evangelio reflejan las etapas de crecimiento de la comunidad. Vea la lectura complementaria #18: "Visión general de las Cartas de Pablo".

Fecha

90–100 d.C.

Fuentes

Lo más probable es que el evangelista haya utilizado fuentes ya existentes ("signos" o fuentes sobre milagros, material que contenía los dichos (palabras) y narraciones sobre la pasión, muerte y resurrección) que habrían sido transmitidos en la comunidad tanto de forma oral como escrita.

Situación de la comunidad

La comunidad joánica:

- Se enfrentaba a dificultades al ir descubriendo su propia identidad cristiana.
- Experimentaron conflictos con el judaísmo; los judíos cristianos fueron expulsados de las sinagogas.
- Aprendieron a vivir como cristianos dentro de la cultura helenista.
- Vivieron en constante tensión con los gentiles debido a su vida y practicas cristianas.
- Experimentaron conflictos con otras comunidades cristianas en cuestiones teológicas.
- Fue creciendo alrededor de los conceptos de "Cristología alta" (por ejemplo, Cristo es la Palabra de Dios preexistente que se encarna) y concientes de estar viviendo en una época escatológica (por ejemplo, viven en el final de los tiempos).

Propósito

El Evangelio tenía como finalidad el fortalecer la fe de la comunidad cristiana que se estaba esforzando por vivir su filiación y compromiso con Cristo en un medio ambiente donde había tensión. Juan 20,31 expresa claramente este objetivo: "Éstos [signos] han sido escritos para que ustedes crean que Jesús es el Mesías, el Hijo de Dios; y para que, creyendo, tengan en él vida eterna". Debemos de ver más allá de los signos que da el Evangelio y descubrir que Jesús es la revelación de manera original de Dios: "el camino, la verdad y la vida" (Juan 14,6).

Retrato de Jesús en Juan (Cristología)

Jesús es:

- La Palabra de Dios preexistente que se encarna (Juan 1,1.14)
- La verdad de Dios revelada (Juan 1,1.14; 2,28)
- El Hijo de Dios enviado para salvar (Juan 3,16)
- El "YO SOY" del Éxodo (Éxodo 3,14; Juan 7,28)
- El Mesías (Juan 1,41)
- El Hijo del Hombre (Juan 5,27)
- En el que se consuman los rituales y fiestas judías (Juan 5–9)
- El buen pastor quien conoce a sus ovejas y da la vida por ellas (Juan 10,11.14)

Retrato en Juan sobre la manera de ser discípulos cristianos (discipulado)

Los discípulos son llamados:

- A que "vengan y vean" (Juan 1,39) el lugar donde Jesús vive
- A que vean y crean (Juan 4,48)
- A tener una relación intima y amorosa con Jesús y como consecuencia con el Padre y el Abogado (el Espíritu Santo) (Juan 15,4–7; 17,21)
- A amarse unos a otros como Jesús los amó (Juan 15–16)
- A comer el cuerpo del Hijo del Hombre y beber su sangre (Juan 6,53–56)
- A vivir de acuerdo con el ejemplo que les dio el discípulo amado (Juan 13,23; 21,20)

Temas más importantes en Juan (teología)

Los temas joánicos más importantes son:

- Fe/creer (Juan 12,36b–43)
- Signos (Juan 4,54)
- Vida/muerte (Juan 6,32–33; 8,51)
- Luz/oscuridad (Juan 1,5)
- Amor/odio (Juan 7,7; 21,17)
- Pecado (Juan 15,22)
- Gloria (Juan 17,4–5)
- Abogado/Espíritu Santo/Paráclito (Juan 16,7)
- Dios como Padre (Juan 14,10)
- Jesús como enviado (Juan 17,18)
- Discípulo ("el que Jesús amaba" en Juan 13,23)
- Bautismo (Juan 2,22–23)
- Obras (Juan 7,18)
- Vista/ceguera (Juan 9)
- Arriba/abajo (Juan 8,23)
- "Los judíos" (Juan 10,31)
- "El mundo" (Juan 15,10)

Características de Juan y su estilo literario

Dramático, repetitivo, utiliza el dialogo (tome nota como los diálogos muchas veces sirven de introducción para largos monólogos en los cuales Jesús revela las verdades del mensaje de Dios).

Utiliza inclusiones, paralelismos invertidos, ironía (doble sentido) y notas explicativas hechas por el redactor final.

Secuencia (orden) que sigue el Evangelio

PRÓLOGO (Juan 1,1–18)

EL LIBRO DE LOS SIGNOS (Juan 1,19–12)
Una narración de los "signos" que revelan la verdadera identidad de Jesús e inspiran o provocan una respuesta por parte de los discípulos

EL LIBRO DE LA GLORIA (Juan 13–20) La narración del regreso de Jesús al Padre para su glorificación, porque ha hecho todo aquello que el Padre quiere que haga, él ha pasado de la muerte a la vida y ha envido al Abogado (Espíritu Santo) a que complete su trabajo a través de la comunidad de sus discípulos

EPÍLOGO (Juan 21)

LAS CARTAS DE JUAN

Autor

Aunque han sido atribuidas a un tal Juan, el autor sigue siendo un presbítero desconocido y sin nombre (2 Juan 1,1; 3 Juan 1,1). La mayoría de los eruditos están de acuerdo en que el cuarto evangelista no es el autor de las Cartas de Juan. Sin embargo, entre el Evangelio según Juan y las Cartas de Juan existen semejanzas en el estilo en que están escritas en el uso de símbolos y expresiones y el vocabulario empleado; lo cual puede indicar que existió alguna relación entre los dos autores.

Audiencia

Una comunidad joánica cristiana localizada en Asia Menor

Fecha

100 d.C.

Situación de la comunidad

La comunidad se encontraba dividida sobre cuestiones de Cristología, ética e interpretación del Evangelio

Propósito

Presentar un correcto entendimiento de la naturaleza y del papel de Jesús; y el demostrar que las opiniones de ciertos miembros que se estaban separando del grupo no representaban al verdadero Evangelio

Los temas más importantes en las Cartas de Juan (teología)

Algunos de los temas principales son:

- Jesús es a la vez divino y humano; énfasis en el significado salvífico de su cuerpo y su sangre en contra del énfasis que se hacia relativo su divinidad (1 Juan)
- La vida cristiana consiste en: actuar como Jesús lo hizo (1 Juan 1,7; 3,3; 3,5–7)
- El Espíritu Santo esta activo en cada cristiano
- El amor a Dios y el amor al prójimo están unidos
- Cumplan los mandamientos

#25. Vocabulario joánico

MUNDO: Juan utiliza la palabra *mundo* de una manera para referirse al mundo de la experiencia humana, al teatro de la historia de la salvación, a la humanidad y a la creación caída. El mundo es identificado de manera constante con aquellos que se han opuesto a Jesús y están bajo el liderazgo de Satanás. Debido a que Dios ama el mundo, Jesús viene como salvador quitándole sus pecados y dándole vida.

JUICIO: En Juan, la palabra *juicio* está presente en la persona de Jesús. El propósito de la aparición de Jesús es para salvar y no para juzgar. Sin embargo, su misma aparición en el mundo es considerado como juicio por aquellos que por no creer en él lo rechazan; para aquellos que lo aceptan por la fe no hay juicio.

REVELACIÓN: Para Juan, la *revelación* se refiere principalmente a la manifestación de Jesús como Mesías e Hijo de Dios. Jesús revela al Padre y el plan que tiene el Padre para la humanidad que solo se puede entender por la fe y el amor.

GLORIA: En el Antiguo Testamento, la *gloria* de Dios se refiere a la manifestación visible de Dios, que se presenta normalmente por medio del fuego o del humo. El Nuevo Testamento otorga esta forma divina de ser (por ejemplo, en poder, etcétera) no solo a Dios, sino también a Jesús resucitado. En Juan, la palabra gloria es utilizada al hablar sobre Jesús; está manifestada en la cruz y es visible únicamente a través de los ojos de la fe.

SIGNO: El uso de la palabra *signo* es muy particular en Juan y se refiere a un gran milagro de Jesús descrito con pocos detalles. El evangelista hace hincapié en la capacidad del signo para indicar el verdadero perfil de Jesús como Mesías e Hijo de Dios. Es por eso que el signo solo puede ser correctamente entendido mediante la fe.

OBRAS: En Juan, las *obras* de Jesús se refieren a sus milagros y sus palabras, de los cuales se compone todo su ministerio. Las obras de Jesús son las diversas actividades de su ministerio (ya sean actividades milagrosas o no) que demuestran quien es y que es él.

FE: La palabra *fe* es de mucha importancia en el Evangelio de Juan. El propósito del evangelista al escribir su obra es la de generar fe que de vida. El sustantivo "fe" no se usa en Juan; Juan utiliza la forma del verbo "creer" para hacer hincapié del compromiso activo a la persona de Jesús. La fe que se transforma en vida es la aceptación de Jesús y lo que él dice ser. Significa que la persona dedica su vida a él y que responde de buena gana a las exigencias de Dios que se presentan en y a través de Jesús.

AMOR: Juan prefiere la forma del verbo en lugar del sustantivo de la palabra *amor*. El Padre, la fuente del amor, derrama ese amor sobre el Hijo, el Verbo Encarnado y es por medio de él que viene al creyente. El creyente a su vez puede amar a los demás creyentes. Este aspecto del amor se enfatiza en Juan aún más que el amor de la humanidad por Dios y Cristo. El amor es la unión inseparable con Cristo y a través de él con Dios. El que ama puede pasar de la muerte a la vida.

PERMANENCER (*morar en, quedarse con*)**:** La palabra *permanecer* expresa la permanencia de la relación entre el Padre y el Hijo y entre el Hijo y los cristianos. Permanecer en Jesús o en el Padre está asociado de manera muy íntima con el cumplir con los mandamientos en un espíritu de amor, luchando contra el mundo, y dando fruto—las cuales son responsabilidades básicas de los cristianos. La acción del Espíritu dentro de la persona es el principio de toda la vida cristiana.

HORA: En los Evangelios sinópticos, la palabra *hora* casi siempre se refiere a la hora del día. Juan utiliza la palabra hora para designar un período particular y significativo de la vida de Jesús. Utiliza este término de manera especial cuando se refiere al regreso de Jesús hacia el Padre, lo cual se lleva a cabo a través de la pasión, muerte y resurrección.

LUZ/TIENEBLAS: En Juan, *luz* significa la revelación del Padre en Jesús, lo cual es comprendido por medio de la fe y llama al creyente a llevar una correcta vida moral. Las *tinieblas* son la ausencia de esta revelación.

VERDAD/FALSEDAD: La palabra *verdad* en Juan se refiere a la revelación total y definitiva del Padre hecha en Cristo, la cual el Espíritu hace vigente en el creyente para que se convierta en el principio de vida. La *falsedad* es tanto la ausencia de la revelación como también el rechazo de ella.

VIDA/MUERTE: La palabra *vida* en Juan señala la vida eterna que está presente en Jesús mismo. Es comunicada a aquellos que lo aceptan en el tiempo presente por medio de la fe. La muerte es la perdida final de la vida eterna.

#26.
Los viajes de Jesús en Juan

#27. El calendario judío y fiestas especiales

MES HEBREO	CALENDARIO OCCIDENTAL	CELEBRACIÓN DE TEMPORADA	FESTIVIDADES JUDÍAS	NOMBRE HEBREO	CITA BÍBLICA	MEGILÁ (LECTURA)	CONMEMORACIÓN HISTÓRICA
Nisán	Marzo–abril	Primera cosecha de cebada	14–Pascua 15–Fiesta del pan sin levadura 21–primeras cosechas	Pésaj	Éxodo 12 (Levítico 23,4–8)	Canto de Salomón	Liberación de Egipto
Lyar	Abril–mayo	Cosecha general					
Siván	Mayo–junio	Cosecha de trigo y las primicias	6–Pentecostés	Shavout	Deuteronomio 16,9–12 (Levítico 23,9–14)	Rut	Celebración de la cosecha de trigo (primicias) Promulgación del Torá en el Sinaí
Tamuz	Junio–julio	Las primeras uvas					
Av	Julio–agosto	Uvas, higos, aceitunas	9 de Av	Tish'ah b'Av Tu Be'Av	No hay referenica directa	Lamentaciones	Destrucción del templo de Jerusalén (586 a.C. y 70 d.C.)
Elul	Agosto–septiembre	La vendimia					
Tishrei	Septiembre–octubre	Arado de las cosechas de frutas y uvas	10–Yom Kippur (Día de la Expiación) 15–21 Tabernáculos/ Cabañas	Yom Kippur Sucot	Levítico 16 Nehemías 8 (Levítico 23,33–36)	Ecclesiastés (Qoheleth)	Sacrificios por los pecados del pueblo Deambulando en el desierto

Marjesh- ván	Octubre– noviembre	Platación de los granos					
Kislev	Noviembre– diciembre		25–Dedicación	Jánuca	1 Macabeos 4,36. 59 Juan 10,22		Purificación del templo de Jerusalén en 164 a.C.
Tevet	Diciembre– enero	Temporada de lluvias Crecen los manantiales					
Shevat	Enero– febrero	Empieza la primavera después del letargo invernal					
Adar	Febrero– marzo	Extraer los linos Florecen las almendras	13–14 Purim	Purim	Ester 9	Ester	Los judíos se salvaron de ser aniquilados por Hamán
Adar Sheni	Año bisiesto						

#28. La historia de la comunidad joánica

Primera etapa

El grupo que inicia la tradición joánica nace del judaísmo e incluye seguidores de Juan el Bautista. Los comienzos hay que situarlos en Palestina o en los alrededores de Palestina. El grupo acepta a Jesús como el Mesías davídico. Entre los miembros del mismo se encuentra un hombre que había conocido a Jesús y que, con el tiempo, se convertirá en el discípulo amado (Juan 1,35–51).

Segunda etapa

En un segundo momento se une a la comunidad un grupo de judíos, con una cierta actitud de reserva frente al templo (Juan 2–3), y también un grupo de samaritanos (Juan 4). En este último grupo hay una mesianología mosaica, más que davídica, que habla de Jesús como el que había estado con Dios, el que había visto a Dios y había sido el portador de sus palabras al pueblo. La Cristología de este segundo grupo actúa como catalizador de la Cristología del primer grupo. Bajo su influjo, la Cristología se hace más "elevada" y se amplía a la pre-existencia de Jesús. El hombre que ha conducido a esta comunidad a través de todas estas vicisitudes se convierte ahora en el discípulo amado.

Tercera etapa

La comunidad se ha trasladado probablemente a la diáspora. Allí, un discípulo del discípulo amado escribe el Evangelio a base de recoger los materiales que se fueron elaborando en la segunda etapa.

Cuarta etapa

En aquellos momentos los cristianos joánicos han de defender su identidad frente a diversos grupos que la amenazan: el mundo incrédulo, los judíos, los discípulos de Juan el Bautista, los cristianos que permanecen ocultamente en el culto sinagogal y los judeocristianos que tienen una Cristología y una estructura comunitaria (eclesial) diferente. Todas estas tensiones se reflejan, de alguna manera, en una segunda redacción del Evangelio, que adquiere así una forma casi definitiva.

Quinta etapa

La última edición de Juan es llevada a cabo no ya por el autor, sino por un último redactor. Este hombre, especialmente ligado al autor, habría compartido con él la segunda etapa de elaboración de la obra. Un criterio interesante para detectar la aportación del último redactor sería el de los fragmentos duplicados (por ejemplo, 6,51–58, en relación con 6,35–50).

Información tomada de "R. E. Brown y su comentario al evangelio de Juan", de la obra *Escritos joánicos y cartas católicas* de Josep Oriol Tuñí Vancells y Xavier Alegre Santamaría (Editorial Verbo Divino, España, 1995), 138–39.

#29. Auto-examen: el Evangelio de Juan y las Cartas joánicas

1. Explique brevemente el significado de Cristología alta (también se le conoce como Cristología "desde arriba" o "descendente").

2. ¿De qué maneras es diferente el Evangelio según Juan de los Evangelios sinópticos? De tres ejemplos que expliquen su respuesta.

3. ¿Cuál era el propósito del evangelista al escribir este Evangelio?

4. ¿Cómo presenta el evangelista Juan a Jesús?

5. ¿De qué manera describe Juan al discípulo cristiano?

6. Describa dos temas que son considerados como únicos del Evangelio según Juan (aquellos que no se mencionan en los Evangelios sinópticos).

7. ¿Cuál es el papel del discípulo amado en este Evangelio?

8. La geografía del Evangelio de Juan incluye lugares con los cuales ya estamos familiarizados tales como: Betania, Betsaida, Cafernaún, Galilea, Samaria, Judea y el mar Muerto. También incluye algunos lugares y nombres considerados como únicos tales como: Caná, el mar de Tiberiades y Sicar. Asegúrese de localizar todos estos lugares en un mapa.

9. Describa dos temas de importancia en las Cartas de Juan.

10. ¿Qué ha sido lo más importante que usted ha aprendido en su estudio del Evangelio según Juan y las Cartas de Juan?

Respuestas al auto examen: el Evangelio según Juan y las Cartas de Juan

1. La Cristología alta hace hincapié en la divinidad de Jesús y no tanto en su humanidad.

2. Estas son algunas de las posibles respuestas que muestran las diferencias entre el Evangelio según Juan y los Evangelios sinópticos:
   - Hace énfasis en la Palabra que estaba con Dios desde el comienzo (Juan 1,1)
   - Largos diálogos (Juan 3,1–21; 4,7–42; 9,1–41; 11,1–42) y discursos (Juan 15–17)
   - Los siete "signos" que revelan la identidad de Jesús
   - Los múltiples viajes a Jerusalén (véase Juan 5,1; 7,1)
   - No hay lista de los doce apóstoles; utiliza solamente el término *discípulos*
   - No hay agonía en el huerto
   - No hay transfiguración
   - No hay relato de la institución de la Eucaristía.

3. "Estas quedan inscritas para que crean que Jesús es el Mesías, el Hijo de Dios, y para que creyendo tengan vida por medio de él" (Juan 20,31).

4. Se incluyen estas opciones:
   - La preexistencia de la Palabra de Dios encarnada
   - El verdadero revelador del Padre
   - El Hijo de Dios mandado para la salvación
   - Aquel que es mandado por Dios para llevar a cabo la obra de Dios
   - El "YO SOY"
   - El Cordero de Dios
   - El Mesías
   - El Hijo del Hombre
   - El cumplimiento de las fiestas judías y rituales
   - El Buen Pastor que conoce a sus ovejas y da su vida por ellas
   - Un Abogado que manda a otro Abogado
   - Señor mío y Dios mío
   - El Pan de Vida
   - La resurrección y la vida
   - El camino, la verdad y la vida
   - El agua viva
   - La luz del mundo.

5. Estas son algunas posibles respuestas, el discípulo cristiano es:
   - El que sigue a Jesús ("vengan y vean", Juan 1,39)
   - El que viene a ver donde vive Jesús y permanece con él (Juan 1,14. 39b)
   - El que tiene una relación de intimidad y amor con Jesús y como resultado de esta relación, también la tiene con el Padre y el Abogado
   - El que cree que Jesús es la resurrección y la vida (Juan 11,25)
   - El que come la carne del Hijo del Hombre y bebe de su sangre (Juan 6,53–56)
   - El que acepta y trabaja a través del poder del Abogado (Juan 16,26–27)
   - El que cree y tiene vida solamente en Jesús (Juan 20,31)
   - El que es un amigo de Jesús y hace lo que Jesús manda (Juan 15,14).

6. Temas que son considerados únicamente de Juan incluyen:
   - Jesús es la Palabra de Dios enviada por Dios
   - Jesús lleva a cabo signos para revelar su verdadera identidad
   - Jesús es el camino al Padre
   - Jesús, enviado por Dios, termina la obra que Dios le encomendó hacer y después regresa a Dios
   - La Eucaristía como el Pan de Vida
   - Dualidades: luz/tinieblas, verdad/falsedad, vida/muerte, arriba/abajo, vista/ceguera.

7. El ideal de lo que debe ser un discípulo cristiano es presentado en el discípulo amado como el que:
   - Tiene una relación estrecha con Jesús
   - Comprende a Jesús debido al amor que comparten
   - Ve y cree aun cuando otros todavía no lo hacen
   - Forma una comunidad de fe genuina al pie de la cruz y con la madre de Jesús
   - Reconoce la presencia del Señor resucitado y glorificado
   - Está dispuesto a hacer todo lo que Jesús hace.

   Tal vez el discípulo amado no es nombrado para que de esta manera nos podamos identificar con él y lo veamos como modelo para nuestro propio discipulado.

8. Utilice su atlas bíblico para localizar estos lugares.

9. Algunas posibles respuestas son:
   - Jesús es divino y humano; énfasis en la importancia salvadora de su carne y de su sangre a diferencia de enfatizar excesivamente su divinidad (1 Juan)
   - La vida cristiana es actuar como Jesús (1 Juan 1,7; 3,3; 3,5–7)
   - El Espíritu Santo está activo en cada cristiano
   - El amor a Dios y el amor al prójimo están unidos
   - Obedecer los mandamientos.

10. Muchas opciones.

#30. La literatura apocalíptica como un drama de la imaginación

Dorothy Jonaitis, OP

¡El lenguaje apocalíptico puede ser sumamente confuso! Por un lado, escuchamos advertencias que nos llaman a estar preparados (Marcos 13,5) porque muchos serán engañados (Marcos 13,6b). Cuando Israel infringe la ley, nosotros observamos como Dios lleva acabo las amenazas que había pronunciado en su contra (Daniel 9,11–12). Cuando las personas habitan donde Satanás tiene su trono (Apocalipsis 2,13), se les dice de manera enfática que tienen que arrepentirse (Apocalipsis 2,16). Por otro lado, somos consolados a "alguien semejante a un hijo de hombre" a quien "se le dio poder, Gloria y reino" (Daniel 7,13b. 14a). También se nos dijo que venceríamos y comeríamos del "árbol de la vida que está en el paraíso de Dios" (Apocalipsis 2,7b). Entonces, de entre todo esto, ¿qué es lo que debemos de sacar en conclusión?

John Collins muestra la ambivalencia en la que los eruditos se encuentran con respecto a la literatura apocalíptica. Citando a Ernst Kasemann, quien dice que la apocalíptica es "la madre de toda la teología cristiana" e inmediatamente cita a Klaus Koch, quien puntualiza (refiriéndose a la literatura) que la "apocalíptica es perpleja y vergonzante".[1] Obviamente, aun entre los círculos bíblicos existe una tensión.

Los llamados Grupos Milenarios, como el de David Koresh llamados los Dadivianos y el de Jim Jones llamado El Templo del Pueblo, quienes utilizando literatura apocalíptica justifican, en nombre de Dios, sus comportamientos extraños, hacen que la confusión sea aun mayor. Piense en la inquietud—que algunos de ustedes quizá hayan experimentado entre los miembros de su familia o amigos que esos grupos causan entre personas vulnerables. El propósito de este artículo es el de proporcionarle una guía sobre como concebir la literatura apocalíptica para que su mensaje tenga sentido para usted.

En mi libro, *Unmasking Apocalyptic Texts*[2] ("Desenmascarando los textos apocalípticos"), propongo la siguiente definición de literatura apocalíptica:

> La Literatura Apocalíptica esta prevista para un **grupo en crisis** y está dirigida a **renovar la fe**. Las visiones son mediadas por **una creatura de otro mundo** que actúa como árbitro o intercesor entre estas y el **ser humano quien las recibe**. Las realidades existentes están por ser remplazadas por **el reinado universal de Dios**. Este evento escatológico, no podrá ser detenido por el hombre, sino que será revelado como resultado de **intervención divina**.

Los cinco elementos fundamentales de la definición (que se presentan en el párrafo anterior en letra negra), se encuentran en el Libro de Daniel, en el Apocalipsis y de manera parcial en los ciertos pasajes apocalípticos del Evangelio y con ellos se elaborarán la siguiente definición:

- Los textos bíblicos apocalípticos son un subgrupo de la escatología bíblica.
- Los textos bíblicos apocalípticos nacen y se desarrollan en tiempos de crisis.
- Los textos bíblicos apocalípticos utilizan la imaginación.
- Los textos bíblicos apocalípticos son dramáticos.

- Los textos bíblicos apocalípticos tienen como finalidad el ser esperanzadores.

Los textos bíblicos apocalípticos son un subgrupo de la escatología bíblica

Para poder profundizar sobre el concepto de literatura apocalíptica es necesario entender de manera clara lo que es la escatología. La palabra "escatología" viene del griego *eschatos* que significa último o lo más lejano. Es una rama de la teología que se encarga de estudiar las realidades últimas o el final de los tiempos del mundo, incluyendo: el cuidado del pueblo de Dios, la resurrección de los muertos, el juicio final y el Cielo o vida eterna, el infierno o condenación eterna. El Libro del Apocalipsis visualiza a Cristo como un juez que vendrá en el último día como juez para inaugurar la Nueva Jerusalén (Apocalipsis 20,4—21,27).

La finalidad de la escatología es la de reflexionar sobre el futuro de Dios con nosotros. Nadie sabe como va a ser el fin del mundo, pero con fe es posible imaginar el tiempo en el cual Dios finalmente triunfará sobre el mal. La teología escatológica ayuda a la comunidad en esta tarea, para que no pierdan la esperanza en Dios. Utiliza percepciones teológicas, tomadas del pasado histórico, para así investigar como se desarrollaría el plan de Dios, el cual por consiguiente culminaría en una victoria final. Como dice el poeta Rainer Maria Rilke, la respuesta a como es que sucederá el final, con su juicio sobre el mal, se celebrará en "un día distante".[3]

Los escritos escatológicos acerca de la experiencia del final de los tiempos pueden ser de varias formas (por ejemplo, las desconcertantes parábolas de Jesús, los tratados o estudios teológicos[4] y las disertaciones apocalípticas). El estilo de escritura apocalíptica se puede encontrar a través de la Biblia, aunque se le asocia más a menudo con las extrañas y estrafalarias imágenes del Libro del Apocalipsis. Algunos otros textos bíblicos en los cuales se tratan los temas de los cuales se habló con anterioridad son:

- **Vigilancia:** tiempo impredecible de la Parousia que vendrá como "un ladrón en la noche" (1 Tesalonicenses 5,2).
- **Juicio:** advertencia contra los falsos maestros (Gálatas 5,7–10) y en contra de Israel (Romanos 9,27–28).
- **Muerte:** persecución del pueblo de Dios (Juan 15,20), que con frecuencia llevará a la muerte (Juan 16,2).
- **Cielo e infierno:** la escena del juicio en Mateo (Mateo 25,46).

El ver la realidad desde un punto de vista escatológico era algo muy común en las primeras comunidades cristianas. Pablo, en su Primera Carta a los Tesalonicenses hablo de "encontrarse con el Señor" (1 Tesalonicenses 4,17b). Marcos, quien escribió el primer Evangelio, hace uso del tema "entender correctamente a Jesús y su misión" para advertir a la comunidad cristiana de que el seguir a Jesús no va a ser sencillo. La vida cristiana debe ser vivida con integridad ya que vive en espera del tiempo final, el cual Marcos lo asocia con la destrucción del templo de Jerusalén (70 d.C.).

La mayoría de los eruditos creen que Mateo y Lucas escribieron su Evangelio en los años ochenta adaptando lo escrito por Marcos teniendo en cuenta la destrucción del templo (veer, por ejemplo, en Mateo 24,6 y Lucas 21,24). Ellos compusieron nuevos Evangelios que, en parte, hablaban sobre un período imprevisto de espera a que llegara el final de los tiempos a la vez que seguían creyendo que sucedería durante su vida. Al hacer esto, hacían énfasis en la presencia de Jesús a través del Espíritu. Este es uno de los temas principales de Lucas y los Hechos de los Apóstoles (véase Lucas 12,12 y Hechos 2,4) y también fue fuertemente enfatizado en Mateo 28,19.

Debido a la destrucción del templo, los judíos cambiaron de ser un pueblo que se centraba en los sacrificios (el templo) a la ley (la sinagoga) y a los cristianos se les prohibió asistir a la sinagoga (véase, por ejemplo, Juan 9,22). Muchos eruditos creen que esta prohibición comenzó al rededor del año 85 d.C. (véase la nota a pie de la página de la NAB de Juan 9,22). Esta prohibición afligió de gran manera a los cristianos, quienes encontraron la manera de hacerle frente al rediseñar sus vidas teniendo a Cristo como modelo. Para cuando fue escrito el Evangelio de Juan (a mediados de los años noventa d.C.), *ya había* nerviosismo entre la comunidad (Jesús es envido para reveler a Dios), pero *no totalmente* (las personas no entienden los signos: ver Juan 8,43).

Los textos bíblicos apocalípticos nacen y se desarrollan en tiempos de crisis

Los escritores apocalípticos con sus escritos estaban respondiendo a las necesidades de las comunidades en **tiempos de crisis**. Entre los anos 200 a.C. y 200 d.C., fechas que se asocian con la apocalíptica bíblica, la situación de crisis era evidente en las comunidades judías y la cristianas:

- La amenaza del helenismo que tuvo un gran impacto en el escritor del Libro de Daniel[5]
- Fidelidad a Cristo aun en medio de la destrucción del templo de Jerusalén
- Aprehensión a ser expulsados de la sinagoga judía
- Inquietud sobre la incorporación de los gentiles a la comunidad cristiana
- Aflicción porque estaban matando a los cristianos (véase Juan 12,10)
- Tensión entre el Imperio romano y los cristianos que estaban siendo perseguidos

En medio de estas crisis, tanto personales como comunitarias, los escritores apocalípticos ayudaron a su comunidad a experimentar una **renovación de la fe**. Para los cristianos, la fe estaba arraigada a la persona de Jesús y no al poder secular injusto.

Los textos bíblicos apocalípticos utilizan la imaginación

Los autores apocalípticos, aunque escribían dentro de un marco histórico, presentaron de manera creativa los conflictos entre el bien y el mal de enormes proporciones. Al no saber como se iban a solucionar la crisis por la que estaban pasando, imaginaron una victoria final de Dios sobre el mal.

La imaginación, con su gran y sugestivo simbolismo, se puede ver de manera clara en el Libro del Apocalipsis. En el capítulo 6, cuatro caballos salen al romperse cuatro de siete sellos. Estos caballos son símbolos del poder corrupto, de la guerra sangrienta y hasta de la Muerte.[6] A estos caballos se les da autoridad sobre un cuarto de la tierra (Apocalipsis 6,8b) y todo parece indicar que el mal esta ganando. Esto se ve dramatizado al abrir el quinto y sexto sello, donde aparecen almas que habían sido degolladas por haber anunciado la Palabra de Dios (Apocalipsis 6,9), todo esto en medio de terremotos, oscuridad y estrellas del cielo que caían sobre la tierra (Apocalipsis 6,12–13). ¡Repentinamente la imagen llena de imaginación cambia! Los opresores corren a ocultarse en las cuevas para esconderse de la ira del Cordero (Apocalipsis 6,15–16), aquel que había sido considerado digno de abrir el libro (Apocalipsis 5,5).

Un ángel grita con fuerte voz a otros cuatro ángeles: "No hagan daño a la tierra, ni al mar ni a los árboles, hasta que marquemos con el sello en la frente a los servidores de nuestro Dios" (Apocalipsis 7,3). En la literatura apocalíptica estos otros **seres del mundo** son mensajeros de Dios. Finalmente, las multitudes de tribus, que representan a todos los pueblos y lenguas claman de manera gloriosa diciendo: "A nuestro Dios, que está sentado en el trono y al Cordero, se debe la salvación" (Apocalipsis 7,10). La **intervención divina** de Dios repara al poder injusto que ha corrompido tanto a la tierra como a los pueblos.

La suposición es que el mal ha sido vencido, pero, ¿ha sido? El escritor apocalíptico utiliza patrones repetitivos para ejemplificar la dificultad de la tarea (por ejemplo, utiliza una serie de imágenes en espiral como lo son el toque de siete trompetas y de siete platos servidos). El pueblo de Dios debe ser paciente ya que la lucha aun no ha terminado. Eventualmente, el mal es derrotado y **el reinado universal de Dios** comienza.

En los pasajes apocalípticos de los Evangelios sinópticos (Marcos 13, Lucas 21 y Mateo 24–25), la derrota del mal y el triunfo del bien son imaginadas con menos imagines ambiguas. Se les advierte a los cristianos que "se levantará nación contra nación" (Lucas 21,10) y que habrá "hambre y terremotos" (Mateo 24,7). Se les anuncia que habrá persecuciones que tendrán que soportar (Marcos 13,9. 12–13). Se les advierte que las personas van a ser juzgadas de acuerdo a como vivieron (Mateo 25,40. 45–46). Sin embargo, a los cristianos el Espíritu les da el poder (Marcos 13,11c) de hablar con autoridad. Se les anima con la visión del Hijo del Hombre viniendo en gloria (Marcos 13,24–27), que, para los escritores del Nuevo Testamento, es Cristo quien ha sido glorificado.

El tener una visión particular del mundo motivó a los escritores apocalípticos a expresar su imaginación utilizando esas imágenes tan atrevidas. Los números en negro que se presentan a continuación sirven para describir el diagrama que se presenta al final de este artículo. Inspirados por Dios, **(1)** los escritores apocalípticos del Antiguo Testamento expresaron su creencia de que "alguien semejante a un hijo de hombre" (Daniel 7,13)[7] iba a llegar, mientras que los escritores apocalípticos del Nuevo Testamento expresaban su convicción que Jesús era el Hijo del Hombre (Marcos 14,62). Al vivir en comunidades de fe muy particulares **(2)**, con sus crisis, los escritores apocalípticos utilizan la memoria **(3)** para volver a contar la historia bíblica **(4)**[8] del Dios fiel que guió a la comunidad en medio de sus "altas y bajas", sus éxitos y sus fracasos **(5)**. Utilizando imaginación excepcional, enunciaron una "nueva era" **(6)** y comunicaron un futuro donde el grito de reivindicación va a ser escuchado **(7)**. Esta presentación llena de imaginación invierte a la creación antigua: un nuevo cielo y una nueva tierra (Apocalipsis 21,1). La Nueva Jerusalén (Apocalipsis 21,2) cuando cada lagrima será enjugada (Apocalipsis 21,4a).[9]

Los textos bíblicos apocalípticos son dramáticos

El teatro de tragedias dramáticas es semejante a la presentación apocalíptica de la batalla entre el bien y el mal. Imagínese que usted está sentado a la orilla de la butaca y se esta identificando de manera intensa con los actores del escenario. La tragedia es palpable, pero con frecuencia llega a una conclusión sorprendente e imprevista.

El esquema[10] de una tragedia teatral ayudaría a aclarar el ciclo que se experimenta en el escenario y en los textos bíblicos apocalípticos, que va de "crisis a solución".

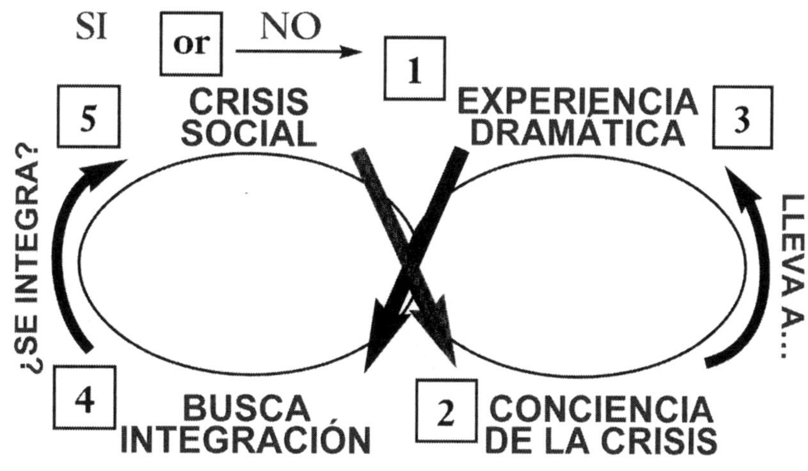

Figura 2. Movimiento dramático de la crisis social

Se experimenta una crisis social **(1)** y se hace pública **(2)**. Debido a que generalmente las crisis sociales se deben a razones veladas: es común que sea difícil para las personas darse cuenta de profundidad. El objetivo de los "artistas" en el amplio sentido,[11] es el de utilizar drama de manera creativa **(3)** para así poder transformar a la comunidad y persuadirlos para que encuentren una solución. Estas experiencias dramáticas darán, así se espera, claridad a la crisis **(4)**, cambiando el sistema de valores que inicialmente causó la crisis. La solución más probable puede ser evidente **(5)**, pero, de no ser así, la crisis social que inició el proceso se manifestará de manera novedosa **(1)**, y se buscará solucionar por medio de la repetición.

De la misma manera que este modelo subraya la tragedia que se esta representando en el escenario, los símbolos extraños que utilizan los textos apocalípticos, especialmente en el Libro de Daniel y en el Apocalipsis, son repetidas una y otra vez para exagerar el conflicto entre el bien y el mal.

Los textos bíblicos apocalípticos tienen como finalidad el ser esperanzadores

La metodología de la repetición ayuda a que el pueblo de Dios aprenda que sus crisis únicamente serán resueltas al tener su esperanza puesta en Dios. Jürgen Moltmann insiste que la esperanza es "el fundamento y el mecanismo poderoso del pensamiento teológico".[12] En su Carta a los Romanos, Pablo identifica con la esperanza, pero expresa su convicción de que la esperanza no es alcanzable en esta vida (8,24b). De esta manera, es como los escritores apocalípticos hacen un llamado al pueblo, con términos cosmológicos, a que tengan esperanza mientras aún están asentando sus pies de manera firme en la tierra.

El escritor del Libro de Daniel del Antiguo Testamento utiliza un patrón que es evidente a través del Antiguo Testamento: promesa, alianza, fracaso, intercesión y renovación.[13] Daniel es presentado como un héroe, superando todas las dificultades, aun en contra de las probabilidades, de ser fiel a Dios (Daniel 1–6, 13–14). Para el autor de este texto bíblico, la causa de esta crisis fue la apostasía de algunos miembros de la comunidad que habían hecho la alianza con Dios, quienes empezaron a realizar prácticas Helenísticas contrarias a la tradición judía. Esta historia es narrada en 1 Macabeos. Así es como Daniel, el artista soñador, nos revela a un Dios quien supera el terror de la bestia (Daniel 7–12). Los virtuosos renuevan su alianza con el Dios fiel y algunas veces soportan el martirio.[14]

En el capítulo apocalíptico de Marcos, los discípulos son advertidos de que no deben de extraviarse (Marcos 13,5), aun que no serán librados del sufrimiento (Marcos 13,9). Para Marcos, "el sufrimiento es fundamental para la llegada del fin de los tiempos...[y] el hecho de que Jesús haya elegido sufrir, dará fuerzas a aquellos que soportarán sufrimientos en nombre de Jesús".[15] Marcos proclama esperanza en medio de sufrimientos, al recordar la visión de Daniel, de que el Hijo del Hombre vendrá "entre nubes con gran poder" (Marcos 13,26). Para Marcos, este Hijo del Hombre sufre, pero la comunidad debe perseverar valientemente hasta que la Buena Nueva sea "proclamada a todas las naciones" (Marcos 13,10). Usted va a estudiar los otros textos sinópticos en esta lección. Es importante el darse cuenta como cada escritor utiliza la imaginación apocalíptica de manera ligeramente diferente para transmitirle a la comunidad el mismo mensaje esperanzador.

El Libro del Apocalipsis entreteje un estampado de esperanza en medio de la batalla entre el bien y el mal. Jesús está presente en medio de las siete comunidades (Apocalipsis 2,1—3,22) y Jesús, el Cordero asesinado es hallado digno de abrir los rollos de la Sagrada Escritura (Apocalipsis 4,11) y revelar como Dios va a salir victorioso. Un buen comentario[16] le ayudará a encontrar el mensaje de esperanza conforme va leyendo los capítulos. Vale la pena mencionar en este artículo los capítulos 18–20 del Libro del Apocalipsis, la destrucción final del poder político opresivo "cayó, cayó finalmente la orgullosa Babilonia" (Apocalipsis 18,2). Después de lo cual Cristo lleva a cabo el juicio universal y, ojalá, encuentre su nombre escrito en el libro de la vida (Apocalipsis 20,11–15). Con esta visión de la Nueva Jerusalén concluye esta esperanzadora visión. El Libro del Apocalipsis "indica como el mundo esta siendo utilizado para revelar el misterio de Dios. Juan nos enseña que las personas pueden ser parte del plan de Dios o pueden resistirse, pero no pueden separarse de el".[17]

En conclusión, tanto el proceso como el contenido de los textos apocalípticos están diseñados para llevar a la humanidad a que viva en el mundo al tiempo que le hace caso al reinado mesiánico final de Dios. Estos textos son herramientas para entender la providencia divina de Dios. "Las personas deben de poder imaginarse [tal y como lo hizo el autor apocalíptico] a un Dios que los sensibiliza de manera profunda, cuyas misteriosas huellas caminan en la tenue arena de, sus" muchas veces, mundos caóticos.[18] Los escritores apocalípticos utilizaron drama imaginativo para darle esperanza en su caminar hacia él que es eterno. Quizá el escritor apocalíptico tenía el vigor para hacer lo que el profeta Habacuc (2,2–3) dice:

> Escribe la visión, grábala en tablillas…
> porque la visión tardará en cumplirse…
> aunque parezca tarde, espérala; pues se
> cumplirá en su momento.

La misma esperanza está a nuestra disposición para nuestro viaje si reconocemos el drama imaginario de estos textos mientras los estamos leyendo.

NOTES

1 John J. Collins, *The Apocalyptic Imagination: An Introduction to Jewish Apocalyptic Literature* (Grand Rapids, MI: Eerdmans Publishing Co., 1998), 1.

2 Dorothy Jonaitus, *Unmasking Apocalyptic Texts: A Guide to Preaching and Teaching* (New York: Paulist Press, 2005), 11.

3 Rainer Maria Rilke, *Letters to a Young Poet*, traducido por Joan M. Burnham; Introducción de Kent Nerhurn (Novato, CA: New World Library, 2000), 35.

4 Porciones de la *Suma Teológica* de Santo Tomas de Aquino, Dominico del siglo XIV, son escatológicas.

5 Quiza le gustaría consultar su diccionario bíblico para obtener mayor información relacionada con el período Helenístico y el reinado de Antioco IV Epifanes (175–163 d.C.).

6 Es interesante notar que los cuatro caballos del Libro del Apocalipsis son paralelos al capítulo 7 del Libro de Daniel donde se presenta la bestia saliendo del mar, tradición mitológica antigua para representar un lugar de caos. La bestia simboliza el mal (véase Isaías 27, 1) al ser la causa del caos. Esto lleva a Daniel a aterrarse de las visiones (7,15). En medio de esta horrible escena se presenta un panorama de celestial majestuosidad. El anciano del trono es presentado como "un ser humano" (9:13b).

7 Yahve es el Anciano de los días, así es que el Hijo del Hombre es una figura sobrenatural y celestial que representa al pueblo de Israel. John J. Collins, "Daniel, 1–2 Maccabees", *Old Testament Message, A Biblical-Theological Commentary* (Wilmington, DE: Michael Glazier, Inc., 1981), 77.

8 Solamente en Daniel 7—8 hay 26 referencias a textos del Antiguo Testamento.

9 Véase Isaías 25,8.

10 Jonaitis, 50, adaptado de Richard Schechner, *Ritual, Play and Performance* (New York: The Seabury Press, 1977), 73.

11 Los artistas son personas creativas. Desde luego que se considera artistas a los poetas, músicos y pintores, pero también a aquellos que participan en el proceso político necesario para encaminar a una comunidad hacia la paz, aquellos que ayudan a los verdaderamente necesitados, etcétera.

12 Jürgen Moltmann, *Theology of Hope: On the Ground and Implications of a Christian Eschatology*, Traduccion del aleman por James W. Leitch (New York: Harper & Row, Publishers, 1967), 26.

13 Este patrón se desarrolla de manera más completa en Jonaitis, páginas 24–28.

14 El libro deuterocanonico 1 Macabeos reporta un incidente de martirio durante el reinado de Antioco IV Epifanes, el mismo período del escritor del Libro de Daniel (véase 1 Macabeos 2,35–38).

15 Jonatis, 116.

16 El programa recomienda el uso de Craig Koester, *Revelation and the End of All Things* (Grand Rapids, MI: Eerdmans Publishing Co., 2001).

17 Jonaitis, 136.

18 Ibid., 1.

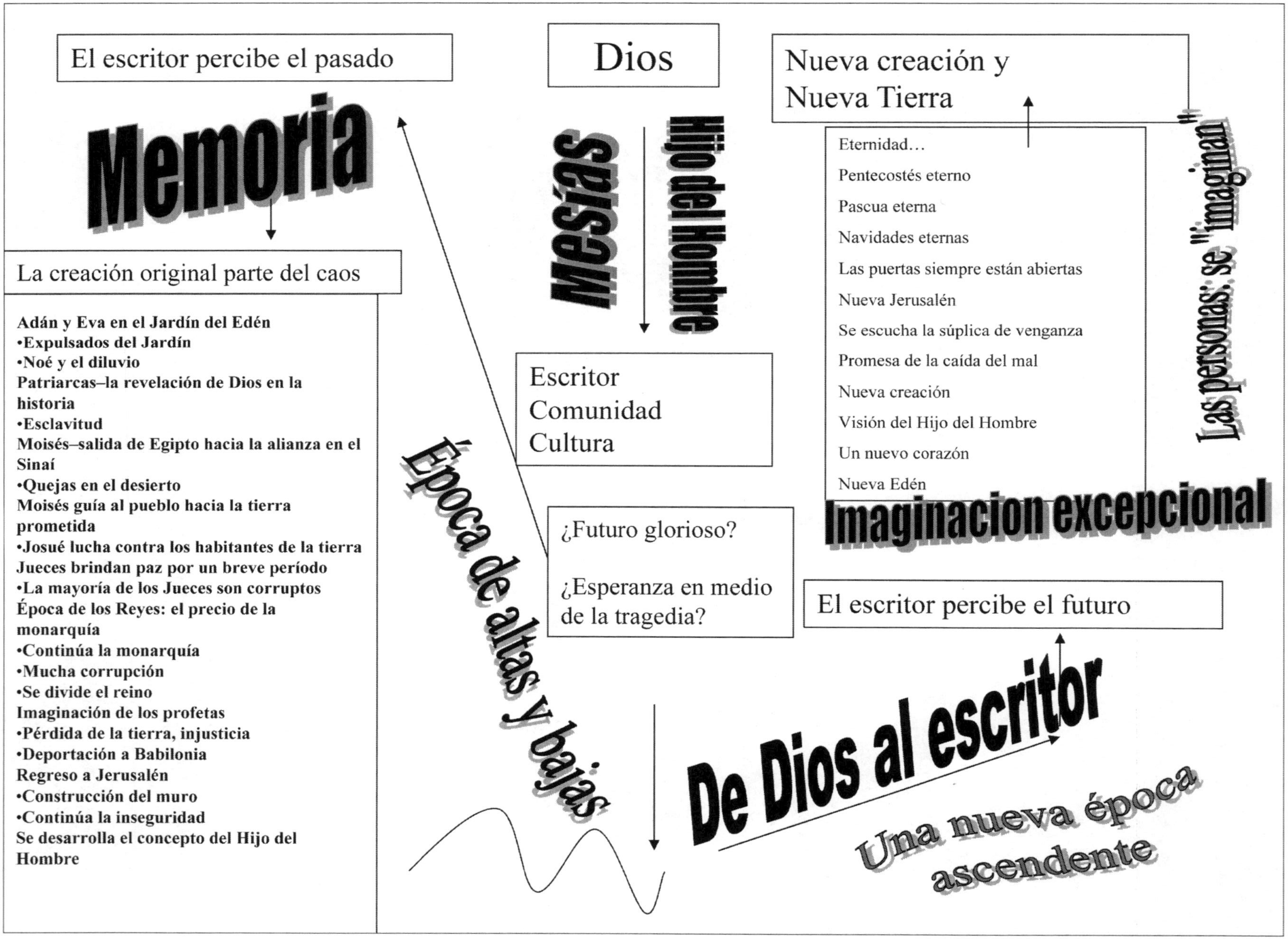
El escritor percibe el pasado
Memoria
La creación original parte del caos
Adán y Eva en el Jardín del Edén
•Expulsados del Jardín
•Noé y el diluvio
Patriarcas–la revelación de Dios en la historia
•Esclavitud
Moisés–salida de Egipto hacia la alianza en el Sinaí
•Quejas en el desierto
Moisés guía al pueblo hacia la tierra prometida
•Josué lucha contra los habitantes de la tierra
Jueces brindan paz por un breve período
•La mayoría de los Jueces son corruptos
Época de los Reyes: el precio de la monarquía
•Continúa la monarquía
•Mucha corrupción
•Se divide el reino
Imaginación de los profetas
•Pérdida de la tierra, injusticia
•Deportación a Babilonia
Regreso a Jerusalén
•Construcción del muro
•Continúa la inseguridad
Se desarrolla el concepto del Hijo del Hombre
Dios
Mesías
Hijo del Hombre
Escritor
Comunidad
Cultura
Época de altas y bajas
¿Futuro glorioso?
¿Esperanza en medio de la tragedia?
Nueva creación y Nueva Tierra
Eternidad…
Pentecostés eterno
Pascua eterna
Navidades eternas
Las puertas siempre están abiertas
Nueva Jerusalén
Se escucha la súplica de venganza
Promesa de la caída del mal
Nueva creación
Visión del Hijo del Hombre
Un nuevo corazón
Nueva Edén
Las personas: se "imaginan"
Imaginacion excepcional
El escritor percibe el futuro
De Dios al escritor
Una nueva época ascendente

#31. Visión general de la literatura apocalíptica y el Libro del Apocalipsis

LITERATURA APOCALÍPTICA

Introducción

La literatura apocalíptica:

- Lleva este nombre debido a su relación con la palabra griega que significa "revelar"
- Era un estilo literario muy común entre los años 200 a.C. hasta el 200 d.C.
- Fue escrita utilizando los textos sagrados del pasado histórico de la comunidad (Antiguo Testamento)
- Es una respuesta a un tiempo de crisis y exhorta a tener una fe para preservar la herencia religiosa de la comunidad
- Da la visión de como el bien triunfa sobre el mal
- Esta presente tanto en el Antiguo Testamento como en el Nuevo Testamento
- Señala como el juicio y la misericordia de Dios intervienen para la salvación
- Da esperanza a la comunidad que sufre persecución y dice que su destino tendrá un giro a su favor.

Autor

Los autores de la literatura apocalíptica:

- Usan generalmente pseudónimos y le atribuyen el escrito a una persona venerada del pasado
- Escriben de manera muy dramática utilizando un lenguaje visionario y simbólico
- Evalúan el dolor y el sufrimiento que la comunidad experimenta desde el punto de vista de Dios
- Presentan una realidad futura tal como deberá de ser cuando Dios reine

Estilo literario

La literatura apocalíptica:

- No se le debe considerar como una fuente de información verídica
- Depende del uso de simbolismos (nombres, números, animales, colores, etcétera) con los cuales están familiarizados sus lectores
- Envía el mensaje a través de un ángel, una visión o un viaje a otra dimensión

- Presenta un universo formado por tres realidades: eventos que suceden en el cielo, en la tierra, y en el infierno
- Utiliza imágenes dramáticas de catástrofes cósmicas
- Contiene una serie de relatos diversos que carecen de unidad y cuya lógica es todo un acertijo

Los retos de la literatura apocalíptica

- Las imagines frecuentemente son oscuras
- Las personas quieren tener una garantía sobre el fin de los tiempos, lo cual no se puede identificar con precisión (véase Marcos 13,32)

Guía para la lectura apocalíptica

- Léala en voz alta para así poder experimentar el impacto de las imágenes (grabaciones de las lecturas del Nuevo Testamento están disponibles en librerías)
- Atrévase a imaginarse como Dios puede prevalecer sobre el mal; lea e imagine los relatos como si fuera todo un drama
- Imagínese un mundo en el cual el mal que esta presente en las realidades cotidianas es vencido
- Consiga buenos comentarios bíblicos
- Resista el adquirir análisis populares que son malinterpretados y demasiado simplistas
- Lea los textos desde una perspectiva global de los hechos y no como una presentación en orden cronológico
- Busque información que exponga temas sobre un Dios amoroso, misericordioso y lleno de confianza que triunfa sobre el mal

EL LIBRO DEL APOCALIPSIS

Autor

A diferencia de la literatura apocalíptica en general, al autor del Libro del Apocalipsis lo podemos identificar. Es Juan, un cristiano exiliado en la isla de Patmos (Apocalipsis 1,9). Sin embargo, la identidad de este Juan, en relación con otros escritores del Nuevo Testamento, es incierta.

Situación de la comunidad

El Libro del Apocalipsis es escrito a siete ciudades de Asia Menor: Éfeso, Esmirna, Pérgamo, Tiatira, Sardes, Filadelfia y Laodicea (Apocalipsis 1,11; 2–3). La crisis se basa en la relación existente entre estas Iglesias y el Imperio romano; se da de manera particular porque el emperador Domicio impone al final del siglo I el que el emperador sea adorado. Aunque las comunidades no están siendo perseguidas, se sienten aisladas y tienen temor de que se les separe debido a una persecución futura.

Retrato de Jesús (Cristología)

En el Libro del Apocalipsis Jesús es representado de esta manera:

- El testigo fidedigno, primogénito de los muertos, el Señor de los reyes del mundo (Apocalipsis 1,5a)
- El que nos libró de nuestros pecados con su sangre (Apocalipsis 1,5b)
- Uno como una figura humana (Apocalipsis 1,13a)
- El primero y el último; el que estaba muerto y volvió a la vida (Apocalipsis 1,17b; 2,8b)
- El Hijo de Dios (Apocalipsis 2,18b)
- El que tiene los siete espíritus de Dios (Apocalipsis 3,1b)
- El Santo, el que dice la verdad, el que tiene la llave de David (Apocalipsis 3,7b)
- El Amén, el testigo fidedigno y veraz, el principio de la creación de Dios (Apocalipsis 3,14b)
- El cordero degollado por nuestra redención (Apocalipsis 5)
- El Rey de reyes y Señor de señores (Apocalipis 19,16)

Retrato del discípulo cristiano (discipulado)

En el Libro del Apocalipsis, los discípulos verdaderos son los que:

- Escogen a Dios y a Jesús y permanecen fieles sin importar las consecuencias (Apocalipsis 2–3)
- Se olvidan de si mismos y confían solamente en Dios para que los ayude
- Son bendecidos (véase las bienaventuranzas del Libro del Apocalipsis [1,3; 14,14; 16,15; 19,9; 20,6; 22,7.14])

Temas importantes (teología)

Los temas importantes del Libro del Apocalipsis se pueden determinar de lo que se dice sobre la literatura apocalíptica. Algunos temas específicos que se enfatizan en el Libro del Apocalipsis son:

- Dios es el Alfa y Omega y Jesús es el único digno de anunciar el mensaje del triunfo de Dios sobre el mal
- Los cristianos en época de sufrimiento tienen un motivo para tener esperanza
- Las Iglesias deben de escoger la manera en que van a responder al mensaje de Jesús (Apocalipsis 2–3)
- La lucha que se presenta entre el poder y la justicia no va a ser sencilla, pero al final, el ganador va a ser Dios
- El mundo es el escenario donde se desarrolla el misterioso plan de salvación de Dios

#32.
Auto-examen: el Libro del Apocalipsis

1. a. Explique brevemente por qué la literatura apocalíptica es un género literario y proporcione por lo menos tres características de este estilo literario.
   b. ¿Por qué cree usted que resulta valioso el hacer uso de símbolos en este tipo de escritos?

2. ¿A quién estaba dirigido originalmente el Libro del Apocalipsis?

3. ¿Cuál era el propósito del autor al escribir el Libro del Apocalipsis?

4. ¿Qué temas desarrolla el autor que pueden ser considerados como propios de este libro y que no se encuentran en otros libros del Nuevo Testamento? Proporcione por lo menos dos ejemplos que justifiquen su respuesta.

5. ¿De qué manera es presentado Jesús en el Libro del Apocalipsis?

6. ¿De qué manera describiría usted la imagen que presenta el Libro del Apocalipsis de cómo es un verdadero discípulo cristiano?

7. ¿Qué es lo más importante que usted ha aprendido en su estudio del Libro del Apocalipsis?

8. En el Libro del Apocalipsis:
   a. ¿Dónde se encuentra Juan cuando tiene la visión?
   b. ¿A qué Iglesias dirige Juan su mensaje?

Respuestas al auto examen: el Libro del Apocalipsis

1. a. La literatura apocalíptica fue un género literario muy común durante los años 200 a.C.–200 d.C., dirigida primordialmente a los judíos y los cristianos que pasaban por una gran crisis y les daba esperanza de que su futuro con Dios estaba asegurado. Para más detalles, vea la lectura complementaria #31.
   b. Hay varias opciones como respuesta.

2. Juan, en la isla de Patmos, escribió a las comunidades en las siete Iglesias de Asia Menor (Apocalipsis 1,11).

3. La literatura apocalíptica trata de dar esperanza en tiempos de crisis. Aunque se presenta por medio de visiones, su presentación depende de un entendimiento teológico de Dios como creador, juez del mundo y triunfador sobre los opresores de la comunidad. Anima a la comunidad oprimida a que comprenda su situación mostrando una visión más amplia en la que se manifiesta el poder de Dios y su presencia en nuestro mundo para la salvación y el juicio. Esta perspectiva infunde la esperanza.

4., 5., y 6. Vea lectura complementaria #31: "Visión general de la literatura apocalíptica y el Libro del Apocalipsis".

8. a. En la isla de Patmos.
   b. Éfeso, Esmirna, Pergamo, Tiatira, Sardes, Filadelfia y Laodicea.